BASTEI
LÜBBE
TASCHENBUCH

Weitere Titel der Autorin:

Alles Neiße, Oder?

Der Titel ist auch als E-Book erhältlich.

Petra Nadolny

Heimat to go

Von der Kunst, sich immer zu Hause zu fühlen

**BASTEI
LÜBBE**
TASCHENBUCH

BASTEI LÜBBE TASCHENBUCH
Band 60777

1. Auflage: Februar 2014

Dieser Titel ist auch als E-Book erschienen.

Originalausgabe

Copyright © 2014 by Bastei Lübbe AG, Köln
Textredaktion: Birte Meyer
Titelillustration: © Manfred Esser, Bergisch Gladbach,
© shutterstock/Kjpargeter; Thinkstock
Umschlaggestaltung: Guter Punkt, München
Innenillustrationen: Karla-Jean von Wissel, Köln
Satz: hanseatenSatz-bremen, Bremen
Gesetzt aus der Adobe Caslon Pro
Druck und Verarbeitung: GGP Media GmbH, Pößneck
Printed in Germany
ISBN 978-3-404-60777-8

Sie finden uns im Internet unter
www.luebbe.de
Bitte beachten Sie auch: www.lesejury.de

Für Nadja und Thomas

Inhalt

Die Letzte macht das Licht an

Wie ich mich auf die Suche nach
einem Gefühl von Zuhause machte

 Wo ist nur meine bergische
Idylle hin? Mein Zuhause er-
scheint mir wie gefleddert,
denn fast alle, die mir lieb und
teuer sind, sind in den vergangenen Monaten weggezogen.
Nicht nur Haus und Hof kommen mir seitdem leer vor –
auch in mir fühlt es sich so an. Fast habe ich den Eindruck,
meine Heimat hier im Bergischen Land ist ein Kuchen, von
dem ich meinen Freunden bei jedem Auszug ein Stück als
Reiseproviant eingepackt und mitgegeben habe. Und jetzt
ist nicht mehr viel davon übrig.

Das ist natürlich Unsinn, aber von Umzügen und Abschied nehmen habe ich inzwischen wirklich genug. Jörg
und Silke haben unsere Hofgemeinschaft mit ihren beiden
Söhnen bereits Anfang des Jahres verlassen, nach Karneval gingen dann meine langjährigen Freunde Christoph und
Nicole mit Sohn, und zu guter Letzt zieht jetzt auch noch
meine Tochter Anna nach Berlin.

Unsere verschworene Gemeinschaft hatte an Jahren, Erlebnissen und Zusammenhalt einiges aufzuweisen. Christoph und ich haben vor über zwanzig Jahren diesen freistehenden Fachwerkhof entdeckt und uns hier niedergelassen. Jeder von uns hatte einen Flügel des Anwesens übernommen. Vor zwölf Jahren ist dann Jörg dazugestoßen und hat die bis dahin unbewohnte Nordseite des Gebäudes mit Leben gefüllt. Wenn man so lange so dicht beieinander wohnt, weiß man, wie der andere tickt. Und ich weiß auch: Leichten Herzens ging keiner von beiden mit ihren Familien und neuen Plänen im Gepäck. Alle hatten triftige Gründe.

Ich bleibe. Aber irgendwie ist nichts mehr wie zuvor. Ein komisches Gefühl macht sich breit. Zum ersten Mal spürte ich es, als mir meine Freunde von ihren Auszugsplänen erzählten, irgendwann im vergangenen Jahr. Da versetzte es mir kurz einen kleinen Stich in der Brust. Und je konkreter die Auszugsvorhaben wurden, umso üppiger fing dieses Gefühl an zu wuchern – genau wie das Indische Springkraut auf unserer Wiese. Wer das kennt, weiß, dessen wird man irgendwann nicht mehr Herr.

»Unsere« Wiese kann ich nun auch nicht mehr sagen! Vor allem aber weiß ich jetzt nichts mehr mit ihr anzufangen – außer das Springkraut zu rupfen. Langsam frage ich mich, ob meine Freunde im Eifer des Gefechts meine Heimat ebenfalls in irgendeine ihrer tausend Umzugskisten gepackt haben.

Als Jörgs Umzugstag Ende Januar bevorstand, schien es fast so, als hätte das Schicksal Mitleid mit mir und würde alles tun, um den Abschied hinauszuzögern. In der Nacht davor fegte der Sturm so laut und unheimlich über das Bergische Land, dass ich aufwachte, Kopfkissen und Decke nahm und aus meinem Bett unter dem Dach auf die Couch ins Erdgeschoss wechselte. Hier hörte ich den Wind immer noch heulen, hatte aber keine Sorge mehr, er könne das Dach abdecken. Gerade als ich mich hinlegen wollte, sah ich, wie das Hoflicht anging, und hörte, wie sich nebenan eine Tür öffnete. Ich machte das Fenster auf.

»Weltuntergang!«, rief Jörg und zog an seiner Zigarette. »Hätte doch noch bis morgen Nacht warten können.«

Wie jetzt? Sollte das heißen: Nach ihm die Sintflut?

Am nächsten Tag erwachte ich durch Jörgs lautes Fluchen und Türenknallen, weil der nächtliche Sturm nicht nur Äste abgebrochen, sondern ganze Bäume umgerissen hatte, von denen nun einer die Fahrt seines bestellten Umzugswagens auf unserer schmalen Zufahrtsstraße durch den Wald blockierte.

Wenig später rückte er mit Bauer Heinrich aus. Beide trugen schwere Kettensägen, um den dicken Stamm einer Fichte zu stückeln und an den Straßenrand zu rollen, damit der Laster endlich passieren konnte.

»Zwei Stunden Verspätung«, raunte der Fahrer des Umzugswagens schlecht gelaunt, als die drei schließlich im strömenden Regen vor unserer Haustür standen. »Zwei Stunden. Das bezahlt mir doch keiner!«

»Doch, ich«, antwortete Jörg. »Ich werd dir das schon bezahlen.«

Der Fahrer kniff die Augen zusammen und runzelte die Stirn. »So 'n Scheißwetter aber auch«, schimpfte er und ließ sich im Haus zeigen, was alles mit auf die Reise gehen sollte.

Beim Einladen stand Jörg auf seinem angestammten

Rauchplatz neben der Eingangstür und koordinierte angestrengt, wohin Christoph, Nicole und ich die Kartons verfrachten sollten. Seine Frau Silke hatte mit den zwei Kleinen zu tun. Und während wir anderen zusammen mit dem Spediteur die Habseligkeiten im Hänger stapelten und auf dem Weg von der Haustür zum Laster nicht nur mit den Kilos seines Inventars, sondern auch noch mit dem Nass von oben kämpften, rauchte Jörg, durchgeregnet und mit den Nerven am Ende, eine Zigarette nach der anderen. Er stand dabei wie angewurzelt, als wäre es ihm unmöglich, seine Lieblings-Suchtecke zu verlassen.

Nachdem alles verstaut war, trockneten wir unsere klitschnassen Sachen auf der Heizung und kochten einen großen Topf Spaghetti mit Gemüse und Tomatensoße, unser Hof-Leibgericht – und unsere letzte gemeinsame Mahlzeit.

»Das ist ja mal was«, freute sich der Spediteur. »Sonst gibt's nur Kaffee, wenn's hoch kommt, Brötchen!« Seine Stimmung hellte sich bei dem warmen Essen sichtlich auf, obwohl er dadurch noch mehr in Verzug geriet. »Auf eine Stunde mehr oder weniger kommt's nun auch nicht mehr an«, verkündete er und verlangte Nachschlag.

Doch auch unsere Hof-Spaghetti konnten es nicht verhindern: Viel zu früh für mein Empfinden rauschte der Umzugstrupp mit Jörgs Familie und ihren sämtlichen Besitztümern davon.

Wind und Regen legten sich kurz darauf wie von Geisterhand, und es folgte eine fast gespenstige Stille. Ohne uns abzustimmen, begannen wir »Hinterbliebenen« ebenso still und jeder für sich, die heruntergefallenen Äste rund um unsere kleine Fachwerkhaussiedlung wegzuräumen. Ich verspürte wieder diesen seltsam starren Druck im Bauch, der in den Brustkorb wanderte und mich zwang, tiefer durchzuatmen als gewohnt.

Nur wenige Wochen später verabschiedeten sich auch Christoph, Nicole und Tim aus unserem bisher unzertrennlichen Drei-Familien-Gespann. Mit dem Unterschied, dass sich ihr Auszug über Monate hinzog, weil Mutter und Kind sofort an den neuen Wohnort übersiedelten, während Christoph Wochenende für Wochenende mit vollgeladenem VW-Bulli den Rest des Hausstandes abtransportierte.

Der Winter schien zu dieser Zeit wie festgefroren, ein Ende war nicht absehbar. »Von wegen Klimaerwärmung!«, murrte Christoph einmal, während er mit einer CD-Hülle, auf deren Cover Helge Schneider das Katzenklo pries, das Eis von den Autoscheiben kratzte. »Seitdem darüber geredet wird, haben wir die härtesten Winter.«

Am nächsten Tag besorgte ich ihm einen blau-weißen Eiskratzer aus dem örtlichen Baumarkt.

»Von wegen Klimaerwärmung!«, sagte ich.

Dieser Ausspruch wurde von da an zu unserem Morgengruß, und bald war mir klar, dass ich diese Art des vertrauten Miteinanders sehr vermissen würde. Unsere Hofgemeinschaft pflegte fast eine eigene Sprache – in langen Beziehungen entwickelt sich so etwas wohl zwangsläufig. Wenn von »Freunde der Sonne«, der »Partei der Guten«, wie wir uns bei politischen Diskussionen nannten, oder einem sommerabendlichen »Sundowning« die Rede war, wusste jeder, was gemeint war und welches Ritual sich damit verband.

Wir waren wie eine Familie. Entspannend fand ich das; man musste sich nicht mehr dauernd erklären, sondern konnte sogar gut zusammen schweigen, ohne dass gleich einer fragte: Ist was?

Als es dann doch endlich wärmer wurde, war der Tag gekommen, an dem Christoph die letzten seiner Siebensachen in den Transporter verlud. Nachdem wir uns Lebewohl gesagt hatten, wanderte ich wie eine Fremde durch mein eigenes Haus. Es kam mir alles so leer vor. Nicht, weil hier jetzt weniger Möbel standen, sondern weil es mir darin auf seltsame Weise an Vertrautheit mangelte.

Diese grüne Couch im Wohnzimmer zum Beispiel: Ein Erbstück von Opa Franz. Ohne meine Freunde schien sie mir nur noch ein etwas in die Jahre gekommenes Möbelstück zu sein. Wie oft hatten wir hier gesessen, die tiefschürfendsten Gespräche geführt, die blutigsten Tarantino-Filme geguckt und die reichhaltigsten Desserts genossen! Noch vor einem Jahr hatte der kleine Tim von nebenan darauf mit Hochhopsen das Beine-Durchdrücken geübt, um endlich die ersten Schritte wagen zu können, immer und immer wieder, bis die Federn sich aus ihrer Verankerung lösten und die Sitzgelegenheit an einer Seite durchkrachte. Ist, wie gesagt, ein altes Erbstück, haben wir wieder repariert. Aber was, bitte schön, soll ich jetzt allein auf dieser restaurierten, doofen, grünen Couch?

Als ob das nicht schon genug wäre, zieht nun auch noch meine Tochter Anna aus! Das ist schlimmer als alles andere. Vielleicht weil sie meine Tochter ist, vielleicht aber auch, weil es der letzte von all diesen Abschieden ist.

Dabei ist es nicht so, als träfe mich ihr Auszug komplett unvorbereitet. Anna war bereits seit ein paar Jahren zum Studieren in anderen Städten unterwegs. Nun hat sie ihren Abschluss in der Tasche und bricht im Bergischen endgültig alle Zelte ab, um in Berlin neu anzufangen.

Mein Blick bleibt an ihren Obi-Kisten hängen, die gepackt in unserer Wohnküche stehen, direkt neben der Haustür. Anna kommt mit dem letzten Karton die Treppe herunter und hievt ihn auf den Stapel.

»Puh, ist das 'ne Menge«, sagt sie mit Blick auf ihr verstautes Hab und Gut. »Ich dachte, ich hätte hier gar nicht mehr so viel.«

Sie schaut an mir vorbei durchs Fenster. »Oh nee, es regnet!«

Klar, dass an einem solchen Tag der Himmel noch einmal alles gibt: Regen, Schneeregen sogar. Am ersten April. Leider kein Scherz. Inzwischen kommt es mir fast vor, als gehöre scheußliches Wetter zu Umzügen einfach dazu.

Anna setzt sich zu mir an den Frühstückstisch, und wir beobachten, wie die weißen Bindfäden gegen das Fenster fallen. Sie beißt gedankenverloren in ihr Käsebrot und googelt nebenbei die Wetterprognose auf ihrem Smartphone.

»Glob ick's denn, in der Hauptstadt scheint die Sonne«, stellt sie erfreut fest. »Sieben Grad!«

»Klar, Berlin«, antworte ich. »Da ist ja alles schöner, sogar das Wetter.«

»Glaub mir, Mama, das Hoch kommt diesmal aus der neuen Heimat und zieht dann rüber in die alte.«

Ratsch! Der Kopf meines Frühstückseies fällt nach einem sicheren Hieb mit dem Messer zur Seite. Was höre ich da? Neue Heimat – alte Heimat. Kann man sein Zuhause so einfach ablegen?

»Wie du Eier köppen kannst, Mama!«, sagt Anna bewundernd, ohne offenbar meine Irritation bemerkt zu haben. »Bleib mal so. Ich mach ein Foto.«

»Zur unvergesslichen Erinnerung an deine Mutter«, konstatiere ich und stelle mich mit Ei und Messer in Pose.

Klick, macht das Handy.

Draußen quietschen Reifen. Annas Freund Lukas hält mit einem Sprinter vor der Tür. Jetzt ist es so weit.

»Na endlich!«, ruft meine Tochter.

Wir werfen unsere Anoraks über und laufen hinaus. Ich ziehe das Kapuzenband meines »Schabrackenmantels« – auch so eine eigene Hof-Wortschöpfung – enger. Hier peitscht der Ostwind. Immerhin hat der Regen aufgehört, und es sieht beinahe so aus, als würde die Sonne rauskommen. April eben.

Lukas nimmt Annas Anweisungen gut gelaunt entgegen. Ich begutachte kritisch die Reifen seines Transporters.

»Mama, wir fahren trotzdem«, sagt meine Tochter, noch bevor ich Bedenken wegen möglicher mangelnder Verkehrssicherheit loswerden kann. »Auf den Autobahnen liegt kein Schnee«, weiß sie und wechselt dann schnell das Thema. »Ach, ähm, und das Regal, das aus der Wohnküche, das nehme ich dann doch mit.«

Ach, gestern noch wollte sie es doch nicht haben! Nichts hatte geholfen, sie davon zu überzeugen, wie gut sie ihre Sachen darin würde abstellen können. Vehement hatte sie sich gewehrt, weil es ihr zu alt und sperrig sei.

»Das ›olle Ding‹ willst du jetzt also doch mitnehmen?«

»Na ja«, meint sie und schaut grinsend zu mir herüber. »Irgendwie hab ich dann noch was, das mich an dich erinnert, falls ich Heimweh kriege. Sozusagen ein Stück Heimat to go.«

Was soll das denn heißen? Heimat zum Mitnehmen? Zum Immer-mit-dabei-haben?

Wie auch immer. Soll sie dieses Regal haben, ich werde sicher auch gut ohne das alte Schätzchen auskommen. Von meiner Rührung lasse ich mir nichts anmerken. Ich lächele nur in mich hinein, als wir es auseinandernehmen und nach draußen zum Wagen tragen.

Zwei Stunden später sind die Kartons und die wenigen Möbel verstaut.

Ich beginne, Fenchel in Streifen zu schnippeln, um einen Auflauf zu machen, eines ihrer Lieblingsgerichte.

»Mama, jetzt nicht noch essen. Lass uns los!«

»Wie ihr wollt. Kein Problem.«

Aber irgendwie ist es doch ein Problem, dieses Loslassen. Immerhin sind wir Mutter und Tochter. Mir fällt es jedes Mal wieder schwer, sie gehen zu lassen. Obwohl ich mich natürlich für sie gefreut habe, als es vor fünf Jahren mit dem Studium in Maastricht klappte. »Meine Tochter studiert in Holland. Auf Englisch!«, hatte ich verkündet, stolz wie Bolle, und war wirklich sehr froh über ihre frühe Selbstständigkeit und ihren ganz natürlichen Umgang mit dem, was wir »global« nennen. Ein Studium im Ausland. Toll! Ich beneidete sie fast um die Erfahrungen, die sie dabei machen würde. Bachelor und Master, diese neuen Begriffe klangen verheißungsvoll. Trotzdem tat es weh, als sie ihre Koffer packte.

Natürlich finde ich es jetzt auch gut, dass sie in Berlin arbeiten und leben wird. In dieser Stadt, der ich mich allein durch die Lage verbunden fühle – im Osten Deutschlands, wo ich meine Kindheit und Jugend verbracht habe. Ich selbst habe zwar nur für kurze Zeit, für Praktika und ein paar Jobs, dort gelebt und die Stadt nie wirklich zu meiner machen können, weil wichtigere Gründe mich immer fernhielten. Dennoch ist sie für mich die anziehendste, ungewöhnlichste und lebendigste deutsche Großstadt. Das weiß Anna.

Meine mir seit vielen Jahren treue, aber manchmal etwas zu esoterisch angehauchte Freundin Amely behauptet, Anna hole nach, was ich versäumt hätte, und ich solle mal nicht neidisch sein. So ein Quatsch! Sie macht einfach ihr Ding. Und das soll sie auch.

Wie schade, dass Amely noch bis morgen auf einem Seminar ist. Sonst wäre sie sicher vorbeigekommen, um mir beizustehen. Nun muss ich da allein durch.

Es ist so weit. Anna steht mit Umhängetasche und Mantel bereit zum Abschiednehmen. Ich komme mit raus.

»Auf in die Welt!«, sage ich.

»Pass auf dich auf, Mama!«

Das ist eigentlich mein Spruch. Spielen wir ab jetzt verkehrte Welt?

»Sieh zu, dass du hier schnell wieder nette Leute reinholst«, meint sie mit einem Blick auf die ehemaligen Wohnungen von Jörg und Christoph.

»Mach ich, mein Schatz.«

Beim Umarmen versuche ich ein optimistisches Lächeln. Als Schauspielerin sollte ich das doch hinbekommen!

Mit lautem Knall fliegt die Wagentür ins Schloss. Lukas hat schon den Motor angelassen. Schnell ist der Sprinter hinter dem Hügel verschwunden.

Ich winke immer noch, so sind Eltern.

Meine eigenen haben mich fortwährend in dem unterstützt, was ich machen wollte. Selbst als ich unsere gemeinsame ostdeutsche Heimat verlassen wollte, standen sie hinter mir. Was für ein schwerer Abschied das erst war: ein unwiderruflicher, der eine Trennung auf unbestimmte Zeit bedeutete. Denn wer sich entschloss, der sozialistischen Diktatur den Rücken zu kehren, wurde bekanntermaßen neben allerlei Stasi-Schikanen auch damit bestraft, nicht wieder einreisen zu dürfen. Nicht einmal zu einem Familienbesuch. Niemand konnte Mitte der Achtziger ahnen, dass sich zum Glück schon bald die Grenzen öffnen und die Verhältnisse ändern würden.

Mein Weggehen brachte meine Eltern damals ziemlich durcheinander. Zum einen wegen des Abschiedsschmerzes, aber auch, weil sie begannen, sich viele Fragen über diesen Staat zu stellen, über die sie sich in ihrem Mecklenburger Dorfidyll sonst vielleicht keine Gedanken gemacht hätten.

Was ist dagegen der Umzug meiner Tochter nach Berlin! Viereinhalb Stunden Fahrt mit dem Zug von Köln.

Der Himmel hat sich verfinstert, als ich durch den matschigen Schlamm, in den sich die gestern noch gefrorene Erde durch Schneeregen verwandelt hat, zurück zum Haus stapfe. Ich atme tief die kalte Luft ein, die sich immer noch nicht zwischen Winter und Frühling entscheiden kann, und öffne die Eingangstür.

Drinnen ist es düster.

Ich finde den Schalter rechts neben der Tür, ohne hinzusehen, und muss schmunzeln.

»Der Letzte macht das Licht aus«, hatte mein Vater zur Ausreisewelle gesagt und damit deutlich seine Verbitterung darüber zum Ausdruck gebracht, dass alles in diesem Land den Bach runterging. Mir wird mal wieder klar, dass sich in Deutschland einiges verändert hat.

Genau wie in meinem Leben. Vor über sechsundzwanzig Jahren bin ich aufgebrochen, um im Westen neu anzufangen. Das ist mir gelungen. Nun verlassen mich vertraute Menschen, und plötzlich fühle ich mich an dem Ort, den ich eben noch als meine Heimat bezeichnet hätte, nicht mehr geborgen. Alles gerät durcheinander. Ich versuche, neuen Mut zu fassen, und treffe einen Entschluss: Ich will herausfinden, was dieses Gefühl von Heimat alles ausmacht. Und dann hole ich es mir zurück, jawohl!

Die Letzte macht das Licht an.

Von guten Gefühlen in guten Stuben

Über Erinnerungen und Menschen, mit denen wir uns heimisch fühlen

Unter dem grellen Licht der Küchenlampe sehe ich leider nicht, wo sich mein verlorenes Heimatgefühl wiederfinden lässt, nur dass das von Anna und mir benutzte Geschirr dringend in die Spülmaschine gestellt werden sollte.

Der helle Schein hebt auch die Konturen hervor, die das mitgenommene Regal an der Wand hinterlassen hat. Ist die letzte Renovierung tatsächlich schon so lange her? Zehn Jahre vielleicht. Jedenfalls war Jörg da noch mit seiner Freundin Mary zusammen, die es hier allerdings nicht lange aushielt. In dieser Einöde leben, nee, schönen Dank auch, da höre sie ja die Flöhe husten – so ihre offizielle Begründung.

Mary half mir damals beim Streichen, und als wir nach getaner Arbeit ein paar Gläschen zusammen tranken, verriet sie mir, dass es eher die Liebe sei, die nicht reiche, wurde sehr traurig, füllte sich schnell und immer wieder Rotwein nach und trank, bis sie schwankte. Ein paar Wochen später war sie weg. Jörg suchte danach oft meine Nähe, um dieses Verlassenwerden zu verstehen, und diese offenen Gespräche haben uns sehr vertraut gemacht.

Als ich zum Tisch gehe, stolpere ich über die Obstschale, die ursprünglich im Regal stand und nun auf dem Fußboden auf einen neuen Platz wartet. Sie ist ein Geschenk von Anna. Geformt, gebrannt und mit blau-schwarzen Schlieren bemalt im VHS-Kinder-Kurs »Kreatives Gestalten mit Ton«, zu dem ich sie eine Zeit lang einmal die Woche nach der Grundschule in die nahegelegene Kleinstadt gefahren habe. An einer Seite ist sie etwas schief geraten, und innen haben sich Annas Fingerkuppen verewigt. Auch heimatlos geworden, was!, denke ich und schaue mich nach einem neuen Platz für die Schale um. Ich stelle sie auf den großen Küchentisch neben den Kerzenständer aus Messing. Der ist ein Geschenk von Christoph als Dankeschön für das Blumengießen während seiner Indien-Reise vor zwei Jahren.

Überall Erinnerungen.

Und Schmutz. Zwanzig Kartons hoch- und runterschleppen, Möbel abbauen und hinaustragen, das hinterlässt Spuren. Spinnweben und Wollmäuse, die sich bis dahin unter den Wandbrettern versteckt hatten, kommen nun zum Vorschein, Schmutz ist auf den Holzdielen breitgetreten. Ich hole den Staubsauger. Vielleicht schluckt der nicht nur den Dreck, sondern auch diesen Stein in meiner Brust. Brrrrr. Jedenfalls dröhnt er, was das Zeug hält. Staubsaugen hilft gegen beklommene Stille.

Nach knapp einer Stunde ist mein Putzwerk vollbracht, nun sieht es auch in Annas altem Zimmer fast aus wie immer, nur dass ein Schrank und ein paar Bilder an der Wand fehlen. Ich gehe die Wendeltreppe hinunter ins Erdgeschoss, und mein Blick streift dabei die Wohnküche. Ordentlich stehen die acht Stühle um den ovalen Esstisch gruppiert. Soll ich jetzt an diesem Riesenmöbel Platz nehmen und an einem Eckchen Quark mit Kartoffeln essen? Oder besser gleich ins Möbelhaus fahren, mich neu ausstatten, passend für mein Leben allein? Alles frei machen für neue Geschichten? Wie wenn man nach einer Trennung zum Friseur rennt und sich auch gleich noch einen neuen Kleidungsstil zulegt? Ratlos setze ich mich auf eine Treppenstufe.

Das Telefon klingelt, ich laufe los und stoße dabei den Staubsauger von der Treppenkante. Mit lautem Knall fliegt er auf den Boden. Na toll, jetzt hat er einen Riss im blauen Plastikbauch.

»Mist!« Ich greife mit ausgestrecktem Arm zum Hörer auf dem Schreibtisch: »Anna?«

»Tante Hedwig hier.«

»Äh. Ja?« Ich bin völlig verdattert.

»Ja!«, sagt sie bestimmt.

»Ach so, ja, richtig, wir wollten Samstagnachmittag miteinander telefonieren«, fällt mir schließlich ein.

»Hörst dich so durcheinander an. Was ist denn, Kind?«

Für Tante Hedwig, mit vierundneunzig die gute Seele der Familie mütterlicherseits, bin ich mit vierundfünfzig immer noch Kind, und klar, sie erkennt an der Stimme, dass etwas mit mir nicht stimmt. Ich erzähle.

»Ach Gottchen«, sagt sie, »das beruhigt sich wieder. Ihr könnt euch ja besuchen. Berlin ist doch nicht weit. Andere gehen in die USA. *Das* ist weit. Und was Heimat betrifft, die kann gar nicht verloren gehen, die hat man doch immer bei sich, die ist doch in dir drin.«

Ich bin erstaunt. Dass Tante Hedwig mit sich im Reinen ist, wusste ich längst, aber dass sie diese Einstellung hat, ist mir neu.

»Bei mir ist an der Stelle gerade ein Loch«, gestehe ich.

»Dann füll das mal schnell wieder auf, und komm endlich deine alte Tante besuchen! Wir haben uns ja ewig nicht gesehen.«

Ehe ich dazu etwas sagen kann, holt sie aus, um die nicht zum ersten Mal vorgetragene Geschichte ihrer Flucht aus Ostpreußen und über die Stationen ihres Lebens zu erzählen.

»… weißt du, ob nun Dullen, Wilhelminenthal, Berlin oder Recklinghausen … Ich habe mich überall zu Hause gefühlt«, endet sie schließlich.

Ich habe ihren runden Tisch vor Augen, der als Mittelpunkt in jeder ihrer »guten Stuben« stand und um den sich immer noch, wenn auch in größeren Abständen, unsere vielköpfige Familie mit Tanten, Onkeln und Enkeln versammelt.

Das Ritual ist bis heute das gleiche geblieben. Tante Hedwig hat den Tisch bereits mit gestärktem weißem Damasttuch gedeckt, einer von uns darf helfen, das Blümchen-Sonntagsgeschirr und das Silberbesteck »für gut« aus dem Eichenbuffet zu holen und aufzutischen. Dann wird eine Kerze angezündet, und sie holt den gedeckten Apfelkuchen mit dicken Streuseln aus »guter« Butter und Zimt nach altem Rezept aus ostpreußischen Zeiten. Sie meint es wirklich gut mit uns.

Mit zittriger Hand verteilt sie Stück für Stück auf unsere Teller, und während wir uns den Kuchen schmecken lassen, erzählt jeder, was bei ihm in letzter Zeit los war.

Tante Hedwig ist der Mittelpunkt unserer Familie. Bei uns zu Hause in Mecklenburg-Vorpommern erfüllte ihre Schwester, meine Oma, diese Funktion, und nach ihrem Tod haben wir nicht nur sie, sondern auch diese Zusammenkünfte vermisst.

In den letzten Jahren hat sich bei Tante Hedwig noch ein weiteres, lustiges Ritual etabliert. Wenn der letzte Kuchenkrümel von ihrer Platte verputzt ist, holt einer von uns die Backtüten von Merzenich, Kamps & Co. hervor, die wir eigentlich gekauft hatten, um ihr das Backen zu ersparen. »Wollt ihr mir meinen Job wegnehmen?«, entrüstet sie sich dann jedes Mal und schüttelt den Kopf. »Wie kann man für Plunderteilchen nur so viel Geld ausgeben!« Wir gehorchen brav und lassen unseren »Plunder« wieder in der Tasche verschwinden, denn nun stellt sie ihren Sandkuchen, marmoriert durch Kakao, auf den Tisch. Zusammen imitieren wir sie im Chor: »So einen hat man doch immer in Reserve!« Wir wälzen noch die große und die kleine Weltlage, überreden die Tante schließlich, wenigstens den Abwasch erledigen zu dürfen, bevor wir uns mit den von ihr in der Zwischenzeit aufgeteilten Kuchenresten und kleinen Geschenken im Gepäck wieder nach Hause aufmachen.

Es gibt viele Fotos von solchen Nachmittagen. Aus welcher Zeit sie stammen, kann man am besten daran erkennen, wer nicht mehr oder neu mit am Tisch sitzt.

»Nächsten Sonntag back ich wieder«, schließt Tante Hedwig unser Telefongespräch und fordert: »Dann komm mal nicht so spät. Gegen zwei ist mir recht.«

In ihrer resoluten, positiven Art ist sie einfach nicht zu toppen. Dabei hat sie in ihrem Leben schon so ziemlich alles durchgemacht: Krieg, Vertreibung, Abschiede und Tod geliebter Menschen – und dabei vier völlig unterschiedliche Gesellschaftsordnungen erlebt.

Ihre lebensfrohe Einstellung hat ihr sicherlich immer wieder geholfen, in so verschiedenen Gegenden wie Ostpreußen, Mecklenburg, Berlin und seit vielen Jahren im Ruhrgebiet Fuß zu fassen. Sich heimisch zu fühlen verlangt eben auch, sich aktiv auf die neue Umgebung einzulassen, auf ihre Besonderheiten und natürlich auf die Menschen. Nur so lassen sich neue Wurzeln schlagen und Bande knüpfen, damit heimatliche Gefühle überhaupt entstehen können: Geborgenheit, Zugehörigkeit und Halt.

Tante Hedwig scheint zu wissen, wie das geht. Die Treffen in ihrer »guten Stube« samt Apfelkuchen, der für sie so vertraut nach erster Heimat duftet, und den sie für uns auf den bekannten runden Tisch stellt, gehören auf alle Fälle dazu.

Das Gespräch mit ihr hat mich aufgemuntert. Ich blicke schon viel versöhnlicher auf meinen eigenen Tisch in der Wohnküche. Am Straßenrand von Oldenburg habe ich ihn vor mehr als zwanzig Jahren an einer Sperrmüllecke unter Regalbrettern und wackelnden Stühlen entdeckt, als ich von einem Theatergastspiel nach Hause fuhr. Ich erinnere mich, wie ich die Länge seiner ovalen, dunkel gebeizten Platte mit Schritten grob abgemessen habe und dabei auf mehr als stattliche zwei Meter gekommen war. Das fand ich bemerkenswert und konnte mir sofort eine gemütliche große Runde daran vorstellen. Im Gras daneben lagen die abgeschraubten Beine, konisch zulaufend und rund. Der Tisch musste aus den Sechzigern stammen. Für die Halde fand ich ihn viel zu schade, deshalb lud ich seine Teile in den Transporter und baute sie später in meiner Wohnküche wieder zusammen. Er passte perfekt. Seitdem steht er hier.

An seiner Tafel ist eine Menge passiert, seine Macken und Kratzer erzählen viele Geschichten. Hier wurde nicht nur im Familienkreis und mit Freunden geschlemmt, gefeiert und getrunken, sondern hier wurden auch Entscheidungen besprochen und getroffen, die wichtig für mich waren und die die bergische Scholle erst zu meiner gemacht haben. Hier haben wir überlegt und geplant und gestritten, wie wir dieses drei Jahrhunderte alte Fachwerkhaus restaurieren und so umbauen, dass es unseren Vorstellungen entspricht. Hier wurden Theaterstücke geschrieben und Texte gelernt.

Ich setze mich an meinen Stammplatz, blicke durch die Fenster auf die weiten Wiesen und sanften Hügel der vertrauten Landschaft und empfinde mit diesem Fleckchen Erde so etwas wie Verbundenheit.

In vierzehn Tagen ist Ostern. Das sollten wir feiern! Gerade als ich Stift und Papier hole, klingelt es an der Tür. Anna? Hat sie etwas vergessen?

»Amely! Ich dachte, dein Seminar geht bis morgen?«

Sie schüttelt den Schneeregen aus ihren langen braunen Haaren. »Stimmt. War so geplant. Aber der Dozent ist krank geworden. Und da dachte ich mir, ich fahre gleich weiter zu dir. Anna ist schon weg, was?«

Ich nicke und kann mir ein paar Tränen nicht verkneifen.

Amely umarmt mich, und ich drücke mein Gesicht an ihren nach kalter Winterluft duftenden Trenchcoat.

»Oh, jetzt mache ich dich auch noch nass!«, sagt sie und nimmt mich bei den Schultern.

»Macht nix«, entgegne ich und drücke meine Freundin noch einmal ganz fest.

»Wir kriegen das hin«, tröstet sie mich.

Amely weiß, wovon sie spricht. Ihr Sohn Jakob ist bereits vor zwei Jahren ausgezogen. Seitdem lebt sie allein in Köln.

»Auch ohne Bachblütentherapie?«, frage ich und hebe meinen Kopf.

Wir müssen beide lachen. »Du bräuchtest sowieso etwas anderes!«, sagt sie.

»Was denn?«

»Das müssen wir herausfinden. Mach uns erst mal einen Tee!«

Sie legt ihren Mantel über die Heizung und zündet den Kaminofen an, während sie mir zuhört. Von der Idee, schon zum Osterfest alle Freunde wieder zusammenzuholen, ist sie begeistert.

»Wir sollten in den Einladungen ankündigen, was wir vorhaben«, meint sie. »Zur Vorfreude.«

Während das Holz Feuer fängt und knistert, setzt sie sich an den Tisch und beginnt zu zeichnen. Das kann sie gut, sie ist ja auch Kunstlehrerin. Mit wenigen Strichen entfacht sie ein Osterfeuer, um das ein paar Männchen tanzen. Dieses Ritual zelebrierten wir Jahr für Jahr auf dem dafür angestammten Feuerplatz auf der Wiese. Oder, zweiter gezeichneter Vorschlag daneben: Ostereier bemalen und von den Kindern im Garten suchen lassen. Dann skizziert sie einen Spaziergang durch den Wald, von dem wir uns Birkensträuße für die Vase mitbringen. Ich habe die Idee, die Frühlingssaison mit einem ersten Fußballspiel, windgeschützt hinter dem Haus, zu eröffnen. Aber vielleicht müssen wir uns eher mit Brettspielen vor dem Kamin versammeln, weil das Schmuddelwetter immer noch kein Ende genommen hat? Vielleicht backen wir einen Kuchen? – Sechs kleine Bildchen hat Amely gezeichnet und auch noch Platz für weitere Ideen gelassen. »Sehr schön«, lobe ich und kopiere das Blatt zwölfmal. Bin gespannt, wer alles kommen kann.

Während ich die Adressen auf die Briefumschläge schreibe, durchströmt mich ein warmes Gefühl. Wenn ich die Situationen erinnere, in denen ich mich heimisch gefühlt habe, fallen mir immer zuerst die Menschen ein. Gleichgesinnte, mit denen es sich gut anfühlte, in einer Stadt wie Leipzig, Recklinghausen oder auf diesem bergischen Hügel anzukommen. Die Familie und Freunde machen wohl den wichtigsten Teil meines Heimatgefühls aus. Deshalb fehlen mir meine »Ausgewanderten« jetzt auch so.

Amely hat es sich inzwischen im Sessel vor dem Kamin bequem gemacht und blättert in Backbüchern. Gedankenverloren kräuselt sie die Stirn. »Wir sollten dieses Mal wirklich laktosefrei und mit Vollwertmehl backen.«

»Meinetwegen gern«, antworte ich, unterbreche kurz meine Suche nach Briefmarken und schaue zu ihr hinüber: Ungestört liest sie weiter. Wie schön, dass sie heute zu mir gekommen ist.

Irgendwie scheint das mit der Heimat so zu sein wie mit allen guten Sachen. Solange sie da sind, denkt man gar nicht über sie nach. Bis jetzt war meine Heimat für mich so selbstverständlich wie die bergische Luft, die mir hier um die Nase weht. Erst seitdem ich etwas vermisse, kreisen meine Gedanken um sie. Dabei bin noch nicht einmal ich es, die fortgegangen ist.

Was ist dann Heimat eigentlich? Ein gutes Gefühl in guten Stuben? Der Duft von Apfelkuchen mit Zimt? Oder ein Abschied mit Schneeregen am ersten April?

Das Gespräch mit Tante Hedwig und der Besuch von Amely beflügeln mich, das herauszufinden.

Zeit, um auf Heimatpirsch zu gehen.

Heimat ist Heimat

Warum wir uns auch fern vom
Wiegenstandort wohlfühlen können

Was macht einen Ort – wenn man dort nicht geboren und aufgewachsen ist – zur Heimat? Das frage ich mich, während ich mich auf dem Weg nach Köln befinde. Diese Stadt ist für mich wichtig, denn hier gibt es für mich Arbeit in meinem Beruf, der mich erfüllt und fest zu meinem Leben gehört. Hier nehmen die Schauspielrollen Gestalt an, die ich im Bergischen vorbereite. Wenn ich drehe, dann meistens in und um Köln. Deshalb habe ich eine kleine Wohnung zum Arbeiten und Übernachten in der Stadt angemietet. Ohne die Kontakte und die Aufträge hier wäre ich wohl gar nicht erst ins Bergische gezogen.

Außerdem ist Köln auch immer wieder ein beliebter Treffpunkt. Heute habe ich mich mit Kollegen aus einer Theaterproduktion verabredet, die vor drei Jahren in Bochum ihren Anfang nahm und uns über Monate durch einige deutsche Theater geführt hat. Mittlerweile ist jeder von uns wieder woanders unterwegs, um sein Glück als Schauspieler zu versuchen. Ich bin gespannt, wohin es die anderen in der Zwischenzeit verschlagen hat und wie es ihnen geht.

Mit dem Auto brauche ich etwas über eine halbe Stunde und finde heute sogar einen Parkplatz um die Ecke vom Café »Central« im Belgischen Viertel. Ich bin fast ein bisschen aufgeregt, als ich die Tür des Cafés öffne und nach den bekannten Gesichtern Ausschau halte.

»Hie-ier!«, höre ich Belindas unverkennbare, sanfte Stimme und erblicke sofort ihren roten Lockenkopf. Ich sehe auch Elias, Jan und Maria um den Tisch sitzen. Erstaunlich, wie stark sich Gestalt und Stimme von Menschen einprägen.

»Wow, deine Mähne ist ja noch länger geworden«, bewundere ich Belindas beeindruckende Haarpracht beim Umarmen. »Wie geht's?«

Sie schlägt die Hände vors Gesicht und lacht, als könnte sie es selbst kaum fassen. »Stell dir vor, ich bin in Cottbus gelandet, beim Staatstheater.«

»Oh, einmal quer durch Deutschland«, sage ich, denn Belinda stammt aus Aachen, und Cottbus liegt im Spreewald. Ich begrüße auch die anderen herzlich.

»So, anstoßen, Liebeleins!« Nick kommt mit einem Tablett voller Kölschgläser. Seit unserem letzten Treffen hat unser Bärchen mit dem dunklen Rauschebart noch ein paar Kilos zugelegt. »Dass wir uns mal wieder an einen Tisch kriegen! Yeah! Auf uns!«

Er hat Belindas Neuigkeit mitbekommen und wendet sich nun an unsere rothaarige Schöne. »Und, wie is it im Osten? Kuschelig?«

Belinda nickt überzeugt. »Ja. Wirklich kuschelig. Ich weiß,

die Stadt kennt kein Mensch, aber ich bin total glücklich da. Das Theater ist super. Bin schon in der fünften Produktion. Endlich spiele *ich* die Hauptrollen und darf ganz viel ausprobieren. Das hab ich mir immer gewünscht. Wir proben gerade die ›Iphigenie‹.«

Nick zieht die Nase hoch. »Und die Gewürzgurkenfresser, wie sind die so?«

»Toll! Die lieben ihr Theater. So viel Interesse und Stolz auf ein Schauspielhaus hab ich woanders überhaupt noch nicht erlebt.«

»Weil sie da nix anderes haben«, stichelt Nick weiter.

»Du hast echt keine Ahnung. Kannst mich ja mal besuchen kommen. Dann zeige ich dir den Spreeauenpark. Der ist so schön, da träumst du von. Ich hab eine feine Wohnung gefunden, groß und bezahlbar. Ja, mir gefällt mein neues Leben richtig gut. In einer kleinen Stadt im Osten mit Festvertrag für vier Jahre. Hätte man mir das vor zehn Jahren gesagt, hätte ich gedacht, um Himmels willen, nein! Jetzt könnte ich mir gut vorstellen, zu bleiben. Wo bist du denn, immer noch in Köln?«

»Nee, München.«

»Alles klar. Der feine Herr gastiert in München. Wo denn?«

»Renaissance«, nuschelt Nick in sich hinein und reibt an seinem Bart.

»Ahhhh!«, macht unsere Runde.

»Joa, finde ich auch, aber mein Hausgetränk ist nun mal Kölsch. Was soll ich sagen, München ist schön – wenn nur die Bayern nicht wären!«

»Fühlst du dich nicht wohl?«, frage ich.

»Weißt du, die haben 'nen anderen Humor, die sind anders drauf. Die verstehen mich nicht. Mit dem Regisseur klappt's auch nicht, irgendwie hakt's. Ich komme auf jeden Fall zurück, wenn das Gastspiel zu Ende ist. Was soll ich denn in München?!«

»Wusste gar nicht, dass du so heimatverbunden bist«, wirft Maria ein, die ursprünglich aus Spanien kommt und Nick bereits vor langer Zeit in einem Improvisationstheater in Rio de Janeiro kennengelernt hat.

Nick legt den Arm um Maria. »Ich sag dir, ich hab mich in Brasilien mehr verstanden gefühlt als in Bayern.«

»Ihr habt Probleme«, wirft Jan dazwischen, der gerade zum zweiten Mal Vater geworden und mit der Familie nach Essen gezogen ist. »Immer nur der Job, als wäre das alles, worauf es ankommt. Gut, ich arme Socke hab grad keinen. Aber meine Bühne ist jetzt sowieso zu Hause. Wenn mein Sohn mir entgegenläuft und unbedingt Bauernhof spielen will, Sophia im Kinderbett schreit, weil ihr Nuckel rausgefallen ist, und meine Frau fragt, wer von uns beiden heute dran ist mit Putzen, Einkaufen und Kochen: Das ist Heimat.«

»Also, auf die Familie!« Unsere Kölschgläser klirren.

Nick rückt noch näher an Maria heran. »Das muss ich jetzt aber wissen, Maria, bist du noch mit Rodrigo zusammen?«

»Nee, bin wieder zu haben, aber immer wenn ich dich brauche, bist du ja nicht da.« Sie blitzt ihn mit ihren dunklen Augen an und klemmt den langen schwarzen Pony hinters Ohr.

»Da hab ich ja noch 'nen Grund, schnell zurückzukommen!«, flirtet er.

Maria lacht. »Lass mal lieber! Ich bin gerade ziemlich

zufrieden mit meinem Leben. Mein Basislager ist seit einem halben Jahr die Tanzakademie hier in Köln und zwischendurch das Café ›Pause‹ um die Ecke, da serviert mir Nina den doppelten Espresso mit Milchschaum, ohne dass ich ihn ordern muss, wenn ich völlig ausgelutscht aus der Probe komme. Das reicht mir im Moment als Bindung. Mit den Tanzauftritten verdiene ich zwar kaum Geld, aber es ist genau das, was ich machen will.« Sie dreht sich zu mir. »Und du, Petra, immer noch auf dem bergischen Hügel zu Hause?«

»Ja, bei mir sind gerade zwei Wohnungen frei geworden. Wenn einer von euch Lust hat, aufs Land zu ziehen …«

Elias, unser stiller Hüne aus Finnland, nickt zuerst, schüttelt dann aber vehement den Kopf. »Ich suche gerade, aber nein, lass mal, ist bestimmt schön da draußen, aber ihr wisst ja, ich hab's gern quirlig.«

»Klar«, frotzelt Nick, »du musst ja deinem nordischen Temperament gerecht werden.«

»Der Mann, der aus dem Dunkeln kam und den Kölner Ring erobert!« Maria umarmt Elias, den fast Zwei-Meter-Mann. »Unser Finnchen!«

»Heimat, ich sag euch, das ist auch so ein Thema, oder?«, werfe ich ein, denn offensichtlich beschäftigt es jeden von uns. Mehr noch, Heimat scheint existenziell zu sein und individuell sehr verschieden. Was dem einen Halt und Freude gibt, muss dem anderen nichts bedeuten. Gibt es denn etwas, was uns eint?

»Heimat is en Jeföhl!«, posaunt Nick, trinkt mit einem Zug über die Hälfte seines Kölschglases und hebt die buschigen Augenbrauen. »Und das muss stimmen. Wenn es nicht so ist, musst du so lange suchen, bis du es wieder gefunden hast. Wie in 'ner Beziehung. Und deshalb bleibe ich auch keinen Tag länger in München als nötig.«

Stimmt das? Ist Heimat ein Gefühl? Oder kommt das nur daher, dass die Kölner, der Song »Kölle, do bes e Jeföhl« beweist es, sowieso leicht zum Pathos neigen?

Wenn Heimatgefühle vergleichbar sind mit den großen dieser Liga wie Liebe, Hass, Traurigkeit oder Wut, frage ich mich, was Heimat dann ausmacht? Das Bild von meinem bergischen Haus erscheint vor meinem inneren Auge: Hier finde ich blind jeden Schalter, es gibt mir Geborgenheit, hier waren – zumindest bis vor Kurzem! – Menschen, die mich verstanden, hier habe ich mich rundherum wohlgefühlt. Ist Heimat ein Wohlfühlort?

Einig sind wir uns in unserer Runde darüber, dass es bei allem »Jeföhl« immer darum geht, Wurzeln zu schlagen. Denn erst wenn Verankerungen da sind, können Dinge, die einem wichtig sind, wachsen. Das kann in einem Theater fern der Heimat seinen Anfang nehmen, dort, wo Belinda sich endlich herausgefordert fühlt und beginnt, die unbekannte Umgebung und den Menschenschlag für sich zu erkunden. Oder in Jans Reihenhaus, wo die Kinder laufen lernen und er die Freuden und Pflichten des Vaterseins erfährt.

Wir reden über Prägungen, die man in seinem Herkunftsort erfahren und in die neue Heimat mitgenommen hat, über Dialekte, Besonderheiten, Traditionen, Werte, Anschauungen und Vorbilder. Jan und ich wurden im Osten sozialisiert, wir haben unterschiedliche Erfahrungen unter anderen Vorzeichen gemacht als Maria in Spanien, Nick in Köln oder Elias in Finnland.

Wie kommt es dann, dass sich Nick zu den Brasilianern

mehr hingezogen fühlt als zu den Bayern? Hat das damit zu tun, dass der Karneval in Rio ihn an Köln erinnert, hängt es mit der damaligen Theaterproduktion zusammen, durch die er sich integriert fühlte, oder liegt es gar an Maria, die er immer noch faszinierend findet und mit der er sich Lieblingsplätze in Rio erobert hat? Das Geheimnis von Wohlfühlorten liegt für jeden woanders.

Ich erzähle vom Ruhrgebiet, meiner ersten Station nach der Ausreise aus dem Osten. Hier haben mir die Menschen gefallen, weil sie so eine offene Art haben – und es gab Arbeit: »Hömma, wat willste? Theater? Hier haste paar Adressen. Viel Glück!«

»Die meisten suchen ja nach etwas, das sie kennen, das zu ihnen passt«, sagt Elias, »aber ich liebe gerade das Andersartige, das führt mich auf mich selbst zurück. Daheim in Finnland, wo alle so verschlossen und verquer sind wie ich, möchte ich immer nur flüchten.« Ihm gefalle Köln, weil die Menschen hier nicht so zugeknöpft seien wie in seinem Geburtsland. Manchmal bleibt er einfach einen Tag lang auf einer Parkbank am Rhein sitzen, um Leute kennenzulernen und Lebensgeschichten zu erfahren, erzählt er. So etwas könne ihm in Finnland nie passieren, nicht mal in Berlin, wo er auch schon ein paar Jahre gelebt hat. Er ist ganz närrisch auf den Kölner Fastelovend und hat auch in diesem Jahr wieder durchgefeiert von Weiberfastnacht bis Aschermittwoch.

»Du bist ein Phänomen«, findet selbst der gebürtige Kölner Nick, der mittlerweile nur noch Weiberfastnacht »schafft«.

»Wie heißt Heimat eigentlich im Englischen?«, fragt Jan in die Runde. Uns fallen nur Entsprechungen ein, wie *home-land*, *native country* oder *roots*. Aber das trifft es nicht, finden wir. Der deutsche Begriff beinhaltet viel mehr.

»Heimat ist eine sehnsuchtsvolle Angelegenheit«, sagt Belinda mit ihrer Honigstimme, lächelt und scheint wieder an Cottbus zu denken, wo es ihr gerade so gut gefällt.

»Ja, das ist sehr deutsch«, seufzt Maria, »die ganzen Sehnsüchte nach Geborgenheit, Schutz und Vertrautheit verpackt in einem einzigen Wort.«

»Hauptsache, sie werden erfüllt«, antwortet Jan trocken und verabschiedet sich, denn er ist heute mit der Kindernachtschicht dran.

Wir anderen gehen noch tanzen, in guter gemeinsamer Tradition natürlich zum Salsa ins »Herbrand's«.

Es wird schon wieder Morgen, als wir uns verabschieden und uns schwören, uns bald wieder zu sehen, obwohl wir eigentlich wissen, dass so »bald« wohl nichts daraus wird. Müde und abgefeiert beschließe ich, in meiner kleinen Bleibe in der Stadt auszuschlafen, und nehme ein Taxi.

»Kommen Se ma zu mir nach vorne!«, sagt der Fahrer einladend und öffnet seine Beifahrertür. Er hat seine wenigen Haare nach hinten zu einem dünnen Zopf gebunden und trägt einen gezwirbelten Schnurrbart. »Dann ham wir dat jemütlischer, wir beide.«

Im Radio besingt gerade jemand den griechischen Wein. »Isch kenn Se irjendwoher«, überlegt er, als ich neben ihm Platz genommen und mein Ziel kundgetan habe. »Comedy, ne! Find isch joot. Isch war neulisch mit meiner Frau bei der Mirja Boes, kennen Se den Sketch, wo …« Er stutzt und hört auf den Schlagerwechsel im Radio. »Dat is der Heino mit *Haus am See*. Wie finden Se dat?«

Ich muss ihm zum Glück nicht erklären, dass ich das Original von Peter Fox mal richtig gut fand, denn sogleich will er wissen: »Kann isch lauter machen?« Und weil ich nicht sofort Widerspruch einlege, ist die Frage schon beantwortet. Er dreht die Anlage auf.

Mit Heino im Ohr rauschen wir um fünf Uhr morgens durch Kölns Gewerbegebiete und Stadtteile mit hässlichen Bauten aus den Fünfzigerjahren. Da ist der schmucklose Bürokomplex, das Originalset der Pathologie vom Münsteraner Tatort, in dem wir auch seine *Switch*-Parodie gedreht haben. Ich spielte die Rolle der Staatsanwältin Wilhelmine Klemm. Unsere Kostümbildnerin Sandra packte mich dafür zuerst in einen Fatsuit und dann in einen schwarzen Hosenanzug. Das alles bei dreißig Grad Hitze! Über drei Tage rauchte ich wie ein Schlot Kräuterzigaretten. Eine nach der anderen, wie die Figur Klemm, so dass es im Pathologiekeller stank, als hätten wir einen Heuhaufen angekokelt. Als Nichtraucherin wurde mir davon richtig übel. Während wir jetzt daran vorbeifahren, denke ich mit Freude an diese Tage trotz des verkohlten Kräutergeschmacks im Mund.

Mein Taxifahrer stimmt mit Heino in den Refrain ein: »… alle kommen vorbei, ich brauch nie rauszugeh'n. Mmmm, Haus am See …« Bei Heino klingt alles wie das Lied von der braunen Haselnuss.

Wir sausen an Autohäusern, Gewerbehallen und grauen Wohnblöcken vorbei. Schön ist diese Stadt wirklich nicht, denke ich bei mir. Aber Kölle is eben auch e Jeföhl.

Während der Fahrer nun am Knopf seines Radios dreht, um die angekündigten halbstündlichen Nachrichten durch einen Song zu ersetzen, muss ich noch einmal an die Begegnung mit meinen Kollegen denken. Jeder ist nun wieder unterwegs, um an seinem Lebensentwurf zu basteln und seine Heimat zu finden. Obwohl Heimat für jeden von uns etwas anderes ist, waren wir uns darüber einig, was sie uns eigentlich bedeutet: Da zu sein, wo das Herz ist. An Orten oder bei Personen, wo man der sein kann, der man ist. Wo man sich nicht verbiegen und verstellen muss, damit man dazugehört. Wo man nur die eine Rolle spielt, die eigentlich keine ist: sich selbst.

Humptata, Humptata

Wie wir versuchen, echtes
Heimatgefühl zu erzeugen

Wenn Heimat tatsächlich ein Gefühl ist,
lässt sich dieses vielerorts finden: beim
Partner, in der Familie, bei der Arbeit in
Theatern oder im Büro, in Vereinen, in
Städten und Dörfern oder – wie in meinem
Fall – eben auch in einer Hofgemeinschaft. Überall da, wo
es Bindungen gibt. Je enger diese sind, desto heimischer
fühlen wir uns. Wenn dieses Gefühl Schaden erleidet, wie
durch den Auszug meiner Freunde, versucht man das ent-
standene Loch zu kitten.

Heimatgefühl soll aber angeblich sogar bequem vom
Sessel aus erfahrbar sein: beim Fernsehgucken. Ich muss
mich also nur setzen, auf die Fernbedienung drücken und
zuschauen. Schnell habe ich den ultimativen Heimat-Boos-
ter entdeckt: *Das Fest der Volksmusik* verheißt einen beschaulichen Abend voll guter Laune. Wunderbar. Da kostet mich
meine Heimatpirsch gerade mal ein paar Schritte zum
Schrank, um Chips und Schokolade zu holen.

Ein bisschen skeptisch bin ich ja, ob sich bei mir mit Volksmusik wirklich heimatliche Gefühle einstellen. Ich verfolge den Kameraschwenk über das Publikum, der euphorisch klatschende, glücklich strahlende Menschen zeigt. Na also, bei denen klappt es ja bereits mit der Heiterkeit! Das lässt mich hoffen.

»Herzlich willkommen, es ist so weit …«, tönt es überfröhlich, und ich sehe Florian Silbereisen den Arm zur Begrüßung schwingen. Ich muss sofort lachen, weil ich an meinen *Switch*-Kollegen Michael Kessler denke, der als Parodist von Silbereisen zu dieser Melodie singt: »Hallo, ihr Trottel am Fernsehschirm, ihr habt doch alle gar kein Gehirn …«

Schön, mal das Original zu sehen. Obwohl ich sagen muss, dass Michael noch herrlicher den Arm heben und noch stimmungsvoller »He!« rufen kann als der Florian selbst. Außerdem offenbart Kessler in unserer Sendung den wunderbaren Nachsatz, warum das Öffentlich-Rechtliche diesen Volksmusikspaß über drei Stunden zur besten Sendezeit am Samstagabend bringt, nämlich: »Für die Menschen!«

Original-Silbereisen kündigt gerade als Höhepunkte des Abends Stefanie Hertel, ein Heimatmedley mit den Wildecker Herzbuben und Andrea Berg an. Heute alles mit viel Herz unter dem Blütenzauber. »He!«

Ich versuche, mir viel Herz unter dem Blütenzauber vorzustellen, und habe Herzragout süß-sauer aus meiner ehemaligen Schulkantine vor Augen. Das sah nicht wirklich gut aus, roch auch nicht gut und schmeckte widerlich. Ich schüttele mich und bin mir sicher, dass dies nicht die beabsichtigte Wirkung von Herrn Silbereisen gewesen sein kann.

Schade, dass Heino heute nicht dabei ist. Den hätte ich gern gesehen in seinem neuen Rocker-Outfit. Derweil hüpfen halbnackte Mädels vom MDR-Fernsehballett auf die Bühne und strahlen unentwegt, als wären ihre Mundwinkel an den Ohren festgezurrt. Sie winken Andrea Berg zu, die mit festem Schritt und unter einem Wahnsinnsapplaus von der roten Showtreppe stöckelt und mit schnittigen Bewegungen ihren alten Hit präsentiert: »Die Gefühle haben Schweigepflicht«. Das Publikum ist von jetzt auf gleich kurz davor auszurasten und trällert mit. Ich singe auch:

»Die Gefühle haben schlechte Sicht …

Die Gefühle stoppt kein Amtsgericht …

Die Gefühle haben Schweinepest …«

Sorry, aber so lautet der Text in unserer Parodie bei *Switch reloaded*, den meine Kollegin Susanne Pätzold dazu trällert. Sie trägt auch ein ebensolches schwarzes Mieder und Stiefel wie Frau Berg, und ihre Arme schlagen genauso exakt den Viervierteltakt in die Luft.

Schlimm, dass ich beim Zugucken immer wieder an meinen Job denken muss. Doch wo wir gerade dabei sind: Susanne und ich waren auch schon im Busen-hoch-Dirndl, mit toupierter Betonfrisur und falschen Zähnen als Margot und Maria Hellwig unterwegs und haben »zsamen oi heitre Musi« aufgelegt und böse Wahrheiten verkündet. Zum Beispiel über die heimelige und unheimelige Sauferei auf dem Münchener Oktoberfest. Einmal waren wir mit dieser Parodie beim *ZDF-Fernsehgarten* eingeladen und wurden von den Fans genauso schunkelnd begrüßt wie die eigentlichen Stars der Szene. Das fand ich nett. So viel Zustimmung hatte ich gar nicht erwartet. Als mich nach der Sendung zwei ältere Frauen um ein Hellwig-Autogramm baten, war ich irritiert. Gut, unsere Maskenbildnerinnen leisten wirklich Großartiges, aber hatten sie den Text überhört?

Nun kündigt Herr Silbereisen das Heimatmedley der Wildecker Herzbuben an. Zwei in die Jahre gekommene, grauhaarige Männer mit Bart erscheinen in Kniebundhosen – wer trägt so etwas heute noch? –, weißen Hemden und Strümpfen, mit einer auffallend großen roten Weste über dem Bauch und natürlich mit Hut auf der Bühne. Buben? Äh? Eine Parodie? Das Publikum freut sich und klatscht im Takt:

»Wenn ich einmal Hochzeit mach, dann immer nur mit dir, immer, immer, immer nur mit dir …«, versichern sie lautstark.

Hm, da ich mir nicht vorstellen mag, wen sie meinen, möchte ich nicht mitmachen.

»Und nun alle Arme nach oben!«, rufen die zwei Opas, und geschätzte fünftausend Zuschauer im Saal raffen sich zu dieser sportlichen Übung auf und schunkeln zu einem Heimatlied, dass ich zum ersten Mal höre:

»Drei weiße Birken
In meiner Heimat steh'n …
Die möcht ich wiederseh'n …
Denn dort, so weit von hier …
Da war ich glücklich mit ihr,
Und das vergess ich nie …«

Aus solch bedeutsamen Stoffen werden ganze *Pilcher-*, *Lindström-* oder *Traumschiff*-Filme gemacht – Gefühlsfernsehen mit garantiert guter Einschaltquote. Wenn wir diese Formate parodieren, reißen sich alle aus unserem Ensemble darum mitzumachen, weil Sehnsüchtespielen so viel Spaß macht. Was daran liegen könnte, dass die Vorlagen eigentlich schon selbst an der Grenze zur Parodie liegen. Mehr Zeit, darüber nachzudenken, bleibt mir jetzt nicht, denn natürlich geht es bei Silbereisen flott weiter.

»Und alle!«, fordern die Protagonisten der Heimatschunkelei auf:

»Die Fischerin vom Bodensee ist eine schöne Maid …« – und was reimt sich auf See? Na klar:

»Juchee …«

»Jawoll!«, bestätigen die Profi-Musikanten. »Und weiter!«

»Rosamunde, schenk mir dein Herz und sag Ja!

Rosamunde, frag doch nicht erst die Mama …«

»Die Arme bleiben hoch in der Luft!«, fordern die Vorsänger, weil sie natürlich wissen, wie wichtig Bewegung ab sechzig ist.

»Hoch auf dem gelben Wagen

Sitz ich beim Schwager vorn.

Vorwärts die Rosse traben,

Lustig schmettert das Horn …«

Deutsche Volkslieder. Während die Zuschauer im Saal nicht mehr zu halten sind, mitsingen und schunkeln, fühle ich mich irgendwie einsam.

»Hossa!«, rufen die Herzbuben, und ein tosender Applaus überrollt meine Gedanken. Humptata, Humptata! Schallala, Schallala! Der Abend ist noch frisch, aber auch nur der Abend.

Ich werde müde. Bis jetzt habe ich nicht verstanden, was das alles hier mit Heimat zu tun haben soll. Von der versprochenen Leichtigkeit und guten Laune bin ich auch nicht angesteckt worden. Gelangweilt blättere ich in meiner Fernsehzeitschrift. Es ist unglaublich, wie stark die Sender auf das

Thema eingestellt sind. Es »bergdoktert«, »provinzkrimina-lisiert« und »romantisiert« ja nur so im Programm. Unterhal-tungssendungen, die in den Redaktionsstuben aus den Sehn-süchten der Menschen nach der einfachen, überschaubaren Welt gestrickt werden. Hier wird die Liebe so echt wie im Traum und die Landschaft so blühend wie auf der Postkarte in Szene gesetzt, und wer es glaubt, wird selig. Die meisten Menschen kennen doch aber ein solches Bergalm-Panorama oder so eine romantische Uferlandschaft allenfalls aus dem Urlaub. Wahrscheinlich sehen sie es sich deshalb so gern an.

Mir kommt eine Idee für *Switch*: All diese Serien mal in einer einzigen miteinander zu verbinden. Dann muss der Zuschauer nicht so viel gucken, und die Sender müssen nicht so viel Geld ausgeben.

Irgendwann, zu fortgeschrittener Stunde, nachdem ich wiederholt durch die hundertzweiunddreißig gespeicher-ten Programme gezappt bin, mit Anna telefoniert habe und nun weiß, dass sie für ihr Berliner WG-Zimmer schon ein Zehn-Euro-Sofa über eBay ergattert hat, nachdem ich den Abwasch erledigt und meine Büropost durchgecheckt habe, schalte ich noch mal aufs Erste. Da ist er, der Höhepunkt des Abends! Stefanie Hertel geht im schwarzen, großzü-gig dekolletierten Pailletten-Abendkleid unter dem Blü-tenkranz aus Plastikblumen und Pappmaschee-Regenbogen spazieren. Sie müht sich hingebungsvoll um das Glück ihrer Mitmenschen, denn sie singt:

»So a Stückerl heile Welt

Hab ich beim Himmel heut' bestellt.

Sonne und Regen,

So a bisserl von jedem ...«

Ich bin geneigt, mich zu ergeben und meine Wohlfühl-

46

Bestellung einfach in Frau Hertels Hände zu legen. Obwohl, wenn ich die Schlange langjähriger Fans vor mir sehe, die sicher das Gleiche wollen, habe ich keine Chance. Außerdem bin ich skeptisch, was die Erfolgsquote ihres »Versandhandels« betrifft. Warum singt sie das schon seit über zwanzig Jahren?

Nein, was meine Suche nach Heimat angeht, bin ich beim Volksmusikabend nicht weitergekommen, obwohl die Akteure alles gegeben und sogar die vorgesehene Sendezeit von drei Stunden noch überzogen haben.

Mit den Sehnsüchten der Menschen lässt sich viel Geld machen, scheint es, aber – und da bin ich mir ziemlich sicher – in den Genuss wirklicher Heimatgefühle kann man per Knopfdruck über das Fernsehen nicht kommen. Vielleicht eher an der Theke im Supermarkt? Da gibt es ja nun wirklich alles:

»Heute nehme ich noch ein Pfund bisserl heile Welt.«

»Gern, haben wir frisch reinbekommen.«

»Ja, dann machen Sie 'n Kilo voll bitte, Sonne und Regen, halb und halb.«

Bevor mir noch mehr krause Gedanken kommen, gehe ich lieber ins Bett. Während ich meine Zähne putze, ziehe ich eine Bilanz des heutigen Programms und stelle fest, dass ich mich auf meiner Pirsch verlaufen habe. Wo Heimat draufsteht, muss nicht unbedingt Heimat drin sein.

Dieser Duft von frischem Heu

Warum Heimat auch mal ein Stück
heile Vergangenheit sein darf

Ich kann nicht einschlafen, schaue von meinem Bett aus an die Balkendecke meiner Fachwerkstube und frage mich, was ich mit den Heimat-Insignien zu tun haben soll, von denen an diesem Fernsehabend die Rede war:

Lederkniebundhosen – trag ich nicht.

Bayerisch sprechen – kann ich nicht.

Rosamunde-Lieder singen – mag ich nicht.

In meinem Kopf dudelt weiter Frau Hertels Melodie von der heilen Welt. »Und noch e moal: So a bisserl …« Das kann ja heiter werden! Gehirnwäschemethoden sind das!

Ich drehe mich von links nach rechts und wieder zurück, und irgendwann gleite ich in einen Traum hinüber: Mit Freunden und Kollegen spaziere ich durch ein Freilichtmuseum, in dem man für die Region typische alte Fachwerkhäuser, frühere Handwerksstätten und bäuerliche Ställe von »anno dunnemals« besichtigen kann.

Wir machen ein Spiel. Jeder muss in diesen Häusern und auf dem Gelände etwas finden, das ihn an seine Heimat erinnert. Für jeden Gegenstand und die dazu passende Anekdote aus seiner Vergangenheit erhält man dann einen Punkt. Wer die meisten hat, gewinnt, na klar. Ganz einfach.

Auf dem Gelände treffe ich einige meiner Mecklenburger Schulfreunde. Klassensprecherin Renate hat frische Pferdeäpfel gefunden, und der kleine Matz bringt einen ganzen Arm voll alter Schulbücher, zerknitterter Hefte und vergilbter Zeitungen.

»Immer bereit!«, schreit er. »Immer bereit!«

Mir ist das unangenehm.

Im Garten läuft Amely mit einer toten Maus, die sie lächelnd und ganz selbstverständlich am Schwanz zwischen Daumen und Zeigefinger hält und hin und her baumeln lässt. Was hat meine Freundin mit toten Tieren zu tun? Hatte sie als Kind in Oberhausen weiße Mäuse?

Kollege Bernhard Hoëcker ist auch da. Das wundert mich nicht, er spielt ja so gern. Er kommt mir entgegen und trägt einen Haufen rostiger Nägel in seiner Hand. »Baumhaus! Baumhaus!«, ruft er auf meinen fragenden Blick.

So ein Kindheitsdomizil kann ich mir bei ihm gut vorstellen. Ob er eigentlich schon damals überall der Kleinste war?

Ich stehe da wie angewurzelt und weiß nicht, was ich machen soll. Soll ich mich zum kleinen Matz gesellen und mit ihm »Immer bereit!« blöken, Amely beim Mauseeinsammeln helfen, oder wo finde ich Indizien für meine Heimat?

»Gäh iin Scheune!«, ermuntert mich meine Russischlehrerin Ludmila Galinowa, die es sich auf einem schwarzrot-goldenen Liegestuhl mit Hammer-Zirkel-Ährenkranz-Emblem gemütlich gemacht hat. Ist sie damals aus Russland in die DDR übergesiedelt, um es bequemer zu haben? Ich dachte, sie kam aus Liebe zu unserem Mathelehrer.

Aber danke, Frau Galinowa, für den Tipp. Sie war mir schon zu Schulzeiten wohlgesinnt. Ich öffne also das Tor, und sofort strömt mir ein bekannter Duft entgegen. Herb und krautig wie das frische Heu, das Opa Franz mehrmals im Sommer in die Scheune neben unserem Haus eingefahren hat, als Futter für die Kühe im Winter. Ich habe mich als Kind manchmal auf die Heuhaufen gelegt, weil ich den Geruch so betörend fand und schauen wollte, was er mit mir machen würde, wenn ich ihn lange genug einatmete.

Herausgefunden habe ich das nie, weil Oma oder Opa jedes Mal nach kurzer Zeit völlig aufgelöst vor mir standen und mich hinauszitierten:

»Raus aus dem Heu, Peti! Da sind schon Kinder erstickt.«

»Von dem Duft?«, fragte ich erschrocken.

»In den Löchern.«

»Der Duft staut sich in den Löchern, und davon kann man sterben?«

»Nein, in die Löcher kann man beim Toben hineinfallen, du Dummchen.«

»Ich tobe ja nicht.«

»Was machst du dann?«

»Riechen.«

»Was gibt's denn bitte hier zu riechen?«

»Na, Heu.«

»So ein Quatsch! Raus hier, aber dalli!«

In unserem Traumspiel erhalte ich einen Punkt für diese Anekdote.

Nun sehe ich auf dem Heu Anemonen wachsen, diese schönen weißen Frühblüher, dicht an dicht, wie ich sie im Wilhelminenthaler Wald so gern gepflückt habe. Ich war immer enttäuscht, wenn die Blüten, kaum in die Vase gesteckt, so schnell in sich zusammenfielen.

»Die halten sich nicht in der Stube«, hat Mutti dann gesagt. »Da muss man sich in der Natur drüber freuen.«

Obwohl in einem sozialistischen Staat geboren, muss ich schon früh eine Neigung für Unternehmertum entwickelt haben, denn einmal, ich ging noch nicht in die Schule, brachte ich nicht nur einen Strauß, sondern einen ganzen Korb dieser Buschwindröschen aus dem Wald mit. Ich band sie mit Wollfäden aus Muttis Strickkorb zu vielen Sträußchen zusammen und verkaufte sie per Haustürgeschäft für fünfzig Pfennig pro Strauß an einige unserer Dorfbewohner. Ein fairer Preis für so viel Handarbeit, fand ich und freute mich am Abend über die satte Ausbeute von acht Mark. Mutti bekam das am nächsten Tag in unserem Konsum, dem Dorfladen, in dem sie als Verkäuferin arbeitete, heraus, weil dort immer alles herauskam – und weil sie es so peinlich fand, musste ich meine Einkünfte noch am selben Tag zurückgeben. Also ging ich wieder von Haustür zu Haustür. *Das* war erst peinlich.

Dank dieser Lektion erfuhr ich früh von der Unredlichkeit eines Nebenerwerbs in unserer sozialistischen Gemeinschaft und begrub meine kapitalistischen Ambitionen mit den restlichen Sträußchen im Gartenbeet neben den Rosen.

Vorsichtig tapse ich im Traum auf dem Heuhaufen herum, denn ich will nicht in seinen Löchern den Erstickungstod finden, und pflücke Blümchen für Blümchen. Mein Windröschenstrauß nimmt bereits Ausmaße an wie bei meinem damaligen Haustürgeschäft. Ich kann die vielen Blumen kaum mehr tragen, und leider habe ich keinen Korb dabei.

»Brauchst nur eine einzige für einen Punkt. Mehr gibt's dafür sowieso nicht«, weiß Bernhard, der Schlaue, der immer alles weiß. Er muss mir in die Scheune gefolgt sein und zupft nun ebenfalls eine Blume ab, in meinen Augen völlig unsachgemäß, weil viel zu nah an der Blüte. Außerdem schleppt er Eisenteile und einen Stoffhasen mit sich. Was hat der denn für eine Vergangenheit? Eisenteile und Stoffhase passen ja nun wirklich nicht zusammen.

Mit einer einzigen Blume kann ich doch die Geschichte nicht erzählen, denke ich, lasse meine Anemonenpracht fallen und laufe hinaus, Bernhard hinterher. Während er seine schon gut bestückte Punktesammlung mit weiteren Preisgeldern auffüllt, sehe ich mit Entsetzen, dass unter meinem Namen gerade mal ein Punkt steht. Nun ärgere ich mich doch. Hätte ich wenigstens eine Blume mitnehmen und »Verpatzter Geschäftsdeal« brüllen sollen! Mit der Detailtreue der Geschichten scheint das hier sowieso niemand so genau zu nehmen.

Ich laufe weiter und gelange an ein Rübenfeld, wo Nicole und Amely in viel zu kleinen Kinderkleidern aus weißer Spitze und mit Blütenkränzen auf dem Kopf stehen. Wie sehen die denn aus? Wie bestellt und nicht abgeholt. Oder warten sie auf jemanden, der sie endlich aus dieser unbequemen Prinzessinnenpelle befreit? Nicole zieht ein weißes Gebetbuch aus ihrem Silbertäschchen und spricht in salbungsvollem Ton: »Gott gebe dir für jeden Sturm einen Regenbogen!«

Hä? Was redet die? Ich bräuchte jetzt eher noch mal ein paar Punkte in diesem Spiel und zeige auf das Feld.

»Rüben verziehen!«, rufe ich den beiden aufmunternd zu, ziehe eine Pflanze aus dem Boden und halte sie hoch.

Nicole zuckt mit den Schultern, und Amely schüttelt den Kopf und lächelt milde. Denken die, ich wäre nicht ganz richtig in der Rübe?

»Das müsst ihr doch kennen«, wiederhole ich laut, »Rüben verziehen.«

Das war dieser Job, den ich als Teenie oft im Frühsommer nach der Schule übernahm, um mein Taschengeld aufzubessern. Eine der wenigen Nebentätigkeiten, die offiziell erlaubt waren in der DDR. Die Landwirtschaftliche Produktionsgenossenschaft, kurz LPG, brauchte dringend zusätzliche Feldarbeiter und zahlte für einen Morgen gejäteter Rübenreihen – das sind zweitausendfünfhundert Quadratmeter! – um die hundert Mark.

Ich opferte viele Stunden meiner freien Zeit für diese schwere Arbeit. Schon am ersten Tag bekam ich meistens einen heftigen Sonnenbrand im Nacken und Rückenschmerzen. Wenn meine Eltern, die nach ihrer regulären Arbeit ebenfalls etliche Morgen von Unkraut befreiten, um sich wie alle aus unserem Dorf etwas dazuzuverdienen, mir nicht jeden Tag geholfen hätten, wäre ich wahrscheinlich nie fertig geworden. Die endlos langen Feldreihen und immer gleichen Kraftbewegungen machten schnell müde Arme. Für diese Anekdote voller Mühe bekomme ich hier gerade mal einen schlappen zweiten Punkt.

Unser *Switch*-Frontmann Max kommt auf mich zugejoggt, wirft einen Ball hoch in die Luft und ruft: »Basket-ball-Siegerpokal!« Klar, dass der wieder die Trophäe ein-fährt. Dabei hat er immer behauptet, er wäre früher nie sportlich gewesen.

Ich renne dem Ball hinterher, der in das angrenzende Waldstück rollt, und komme zu einem halbseitig entwur-zelten, schräg in die Höhe ragenden Baum, auf dem in schwindelerregender Kronenhöhe Sägeblätter in den Äs-ten stecken. Die kenne ich, die sehen aus wie die aus Opas Werkstatt, mit denen er die Holzscheite für unseren brau-nen Kachelofen im Wohnzimmer sägte. Oma und ich ha-ben die Stücke dann zu einem runden Holzhaufen gesta-pelt, der zum Schluss einem Häuschen mit Dach glich. Das Holz roch immer so gut, mal nach Sonne, nach Schnee oder nach Regen, als saugte es das Wetter in sich auf und düns-tete es dann ab. Ich schnuppere, und auf einmal beschleicht mich diese vertraute Wehmut nach etwas sehr Bekanntem: Ein Gefühl von Heimat! Das ist es – und ein dritter Punkt in diesem Spiel.

Auf jeden Fall muss ich diese Sägeblätter haben! Ich ver-traue meinen Kletterkünsten und balanciere in vorsichti-gen Schritten bis zu den Fundstücken. Sie stecken jedoch so fest, ich kann ziehen, wie ich will, mit der bloßen Hand be-komme ich sie nicht heraus. Mist! Jetzt habe ich mir auch noch die Haut aufgerissen. Genau an der Stelle, wo ich oh-nehin schon eine Narbe habe. Die kommt von dem Unfall, den ich hatte, als ich einmal mit Opas Werkzeug hantierte. Damals wollte ich ausprobieren, ob ich aus einem Holzstück einen Herd für meine Puppenstube sägen könnte. Jetzt blu-tet sie wieder. Was für ein blödes Spiel. Wütend klettere ich zurück, sehe aber beim Vorbeikommen an der Anzeigetafel, dass mir mittlerweile vier Punkte zugeteilt wurden. Unter Bernhards Namen lese ich: zwölf.

Ich bin sauer. In Spielen war ich noch nie gut. Außer in Mühle und Rommé. Damit haben meine Großeltern und ich uns oft zwischen Abendbrot und *Aktuelle Kamera* vergnügt. Ich war ziemlich ausgebufft und ließ keinen Kniff aus, um zu gewinnen.

Außerdem liebte ich diese Abende, weil Oma dann die Butterkekse aus Tante Hedwigs Westpaketen rausholte, die sie im Wäscheschrank hinter Schloss und Riegel hielt. Für jeden gab es einen einzigen dieser runden Kringel. Jeder von uns legte ihn mit dem dazugehörigen plissierten Blättchen aus feinem, weißem Papier auf seinen Tischplatz und knabberte langsam, bis das Spiel sich dem Ende neigte. Oma hatte ihren Keks immer am längsten. »Die muss man genießen, nicht einfach so runterschlingen. Riech mal, wie die nach Butter duften«, sagte sie und nahm einen tiefen Atemzug.

Ich konzentrierte mich lieber auf das Spiel und hatte damit gute Aussichten auf einen weiteren Butterkekskringel. Der Sieger durfte nämlich erneut in die bunte runde Metallschachtel greifen.

Obwohl mein Punktekonto durch diese Geschichte auf fünf wechselt, sieht es in meinem Traumspiel nicht nach Gewinnen aus. Ich laufe mit meiner verletzten Hand orientierungslos durch das Gelände und sehe an einem Fachwerkhaus ein Fähnchen mit Bierkrug flattern. Die Dorfschenke. Da will ich rein, sollen sich die anderen ohne mich vergnügen.

Grob gezimmerte Holzbänke stehen an ebensolchen Tischen, in der Mitte brodelt etwas in einem gewaltigen Messingkessel auf offenem Feuer. Max kommt, reißt sich sein Hemd vom Leib und rührt, jetzt nur mit einer Lederhose bekleidet, mit einem exorbitant großen Holzlöffel in dem brodelnden Kessel.

»Ist nicht wahr«, sage ich laut. »Machst du jetzt einen auf Lady Chatterleys Liebhaber, oder was?!«

Er dreht sich zu mir um und antwortet in seiner Parade-Parodie als Tim Mälzer: »Nee, 'ne Bohnensuppe!«

Ich wache auf. Meine Uhr zeigt kurz nach fünf. Wie verrückt war das denn? Mein Unterbewusstsein baut ein Crazy-Heimat-Game, um mir längst Vergessenes wieder ins Gedächtnis zu rufen. Ich freue mich über wiederentdeckte Schätze aus der Kiste meiner Erinnerungen, die sich nach Heimat anfühlen. Erlebnisse aus der Kindheit erzählen schließlich eine Menge über uns, und die Vergangenheit trägt einiges dazu bei, was für ein Mensch man ist. Allein auf die Geschichten von damals kann man sicher nicht sein heutiges Leben bauen, aber ein paar unverzichtbare Steine in der Fundamentplatte, die da Heimat heißt, bilden sie schon.

Eine wie keine

Warum jeder seine eigene Heimat finden muss

 Das Telefon klingelt, und die Sonnenstrahlen lassen die Erinnerungen an das Crazy-Heimat-Game schnell verblassen. Was habe ich mir da nur wieder zusammengeträumt!

Ich hatte den »Knochen«, wie Anna das alte schwarze Handy nennt, weil es so unhandlich und dick ist, doch tatsächlich abends neben mein Bett gelegt. Sein Klingelton, den ich auf maximale Lautstärke gestellt habe, damit ich am Tag sein Läuten im ganzen Haus höre, dröhnt jetzt. Ich suche die grüne Taste, damit dieses schreckliche Klingelingeling aufhört.

»Was ist denn?«

»Nisch was, sondern wer«, sagt eine gut gelaunte, hellwache Stimme.

Ach, Judith. So schön sächseln kann in meinem Freundeskreis nur sie.

»So früh, was ist denn passiert?«

»Sach mal, schläfst du noch! Dis is zehn Uhr. Was'n mit dir los?«

Mit müder Stimme deute ich an, dass sich hier einiges verändert hat. Wegen der ganzen Umzüge und so. Ich kann noch nicht wirklich reden.

»No, dis 'in Ding«, sagt sie. »Wir sind auch gerade umgezogen. Wollte dich zur Heimatparty einladen.«

»Was denn für eine Heimatparty? Hab ich was verpasst? In welche Ecke von Frankfurt seid ihr denn diesmal gezogen?«, frage ich, quäle mich aus meinem Bett und schlurfe mit dem Hörer in der Hand Richtung Küche, um mir einen Kaffee zu kochen.

»Nee. Nisch in Frankfurt. Dis hab ich dreimal hinter mir. Zurück in die Heimat. Nach Leipzsch.«

»Ach was!«

Judith hatte Leipzig, genau wie ich selbst, noch vor der Wende mit Anfang zwanzig verlassen. Genauso lange lebte sie bisher mit Mann und Kind nun schon im Westen. Während ich mir meinen Muntermacher aufbrühe und den Tisch decke, stelle ich das Telefon auf laut und lasse meine langjährige Freundin reden. Der Strom ihrer Gedanken trägt mich mit sich:

»Endlich, sage ich dir, endlich zurück in der Heimat! Nürnberg, Bremen, Hamburg, Köln und Frankfurt waren doch immer nur Stationen. Richtig zu Hause habe ich mich da nie gefühlt. Obwohl du weißt, wie stark ich mich überall einbringe. In meinem Job als Akquise-Tante, aber auch abends im Chor, beim Elternabend, beim Sport. Kontakte zu knüpfen ist für mich ja kein Problem.

Aber im Westen bin ich für alle immer nur die Sächsin, die aus dem Osten. Und das nach fünfundzwanzig Jahren Mauerfall.

Hab ich den Mund aufgemacht, hieß es gleich: ›Ach, wo kommen Sie denn her? Aus Leipzig? Erzählen Sie mal!‹ Ich musste mich immer erklären. Das ist in Leipzig natürlich ganz anders. Hier kann ich im breitesten Sächsisch meinen Hund auf der Straße rufen, da fragt kein Mensch: ›Wo kommt die denn her?‹ Nee, ich bin eine von ihnen. Ich gehöre dazu. Wie viel Energie jetzt für andere Dinge frei wird! Herrlich!

Diese Stadt ist einfach meine. Wir sind natürlich in den gleichen Stadtteil gezogen, wo ich herkomme, in die Südvorstadt. Hier kenne ich jede Ecke, jede Straße, jeden Platz, überall bin ich schon tausendmal langgelaufen, alles ist mit Erinnerungen gefüllt. Gestern habe ich meiner Tochter Antonia meinen alten Spielplatz mit dem Elefanten aus Stein gezeigt. Wenn sie mal Kinder hat, möchte ich mit denen hier rutschen gehen und Geschichten von mir erzählen.

Meine Mutter lebt ein paar Straßen weiter. Sie ist 76 und körperlich nicht mehr auf dem besten Stand. Kurz bevor wir wieder hergezogen sind, hat sie sich auch noch die Hand gebrochen. Von Frankfurt aus wäre es ein Riesenproblem gewesen, ihr zu helfen. Jetzt kann ich einfach rübergehen, wann ich will oder wann sie es will. Nicht wie sonst nach Voranmeldung und gleich für mehrere Tage am Stück. Das war immer für alle anstrengend. Nein, ich kaufe für sie ein, wir trinken einen Kaffee, quatschen ein bisschen und gut. Darüber sind wir beide glücklich. Um diesen Familienzusammenhalt ging es mir eben auch bei diesem Entschluss.

Wir haben so eine geile Wohnung gefunden, das glaubst du nicht. Restaurierter Altbau vom Feinsten in bester Stadtlage. 125 Quadratmeter mit Stäbchenparkett, Gründerzeit-Flügeltüren, Stuck an der Decke und Balkon. Für siebenhundert Euro warm. So kannst du im Westen gar nicht wohnen! Ja gut, für zweitausend kalt vielleicht.

Ich sitze in meiner Wohnung, gucke auf die alten schönen Häuser gegenüber und denke: Was habe ich für ein Glück. Ich bin beseelt davon, wieder daheim zu sein. Mein Mann muss jetzt zwar zwischen Frankfurt und Leipzig pendeln, aber er hat in seinem Architekturbüro zwei Tage Homeoffice rausschlagen können. So muss er wenigstens nicht jeden Tag zehn Stunden in diesem Großraumbüro malochen. Finde ich für so einen kreativen Beruf sowieso tödlich.

In meinem Job ist es ja eh egal, wo ich wohne, aber pass auf: Wir hatten kaum den Entschluss gefasst, hierherzuziehen, da kriege ich einen Anruf, ob ich nicht die Akquise für eine neue Werbeagentur übernehmen könnte. Irre, was? Diese Chance nutze ich natürlich. Die Firmen mit Kohle sitzen im Westen, da hab ich die besten Kontakte. Wie sich wieder alles fügt. Als müsste es so sein. Ich glaube ja sowieso nicht an Zufälle.

Aber das Allerbeste sind die Menschen hier. Meine alten Freunde, klar. Und, das darf man auch nicht vergessen, mit den meisten verbinden mich fünfundzwanzig Jahre DDR-Erfahrung. Weißt schon: Jugendweihe, Schlagersüßtafel, ›Immer bereit!‹. Das muss ich nicht ständig betonen, aber ich spüre es. In winzigen Nebensätzen, im Humor, im Alltag. Es klappt hier so schnell, Nähe herzustellen.

Vor Nähe haben die im Westen doch sowieso viel zu viel Angst. Selbst meine engeren Bekannten, von denen ich in Frankfurt wirklich eine Menge habe, sind in Beziehungen völlig verkrampft.

Nur als Beispiel: Heute früh klingelt es an meiner Haustür. Meine Freundin Kerstin. Steht da mit frischen Brötchen und fragt, ob wir zusammen frühstücken. Einfach so. Ohne sich anzukündigen. Wie schön das war. Ulrike kam am Sonntag mit Kuchen, und wir spielten anschließend drei Stunden Schach.

Solche spontanen Besuche, einfach nur, weil man Lust hat, den anderen zu sehen, hat es in Frankfurt nie gegeben. In den zwölf Jahren habe ich es nicht ein Mal erlebt, dass einer von unseren Freunden einfach so vor der Tür stand und klingelte. Nicht ein Mal. Klar, mit Einladung. Im Westen ist man verabredet. Vorher wird der Termin dann fünfmal wieder umgemodelt, tausendmal angerufen und verschoben. ›Vielleicht nächstes Wochenende, lass uns noch mal telefonieren, heute hab ich so Kopfschmerzen …‹

Dann fragen sie, ob sie Wasser mit Bubble oder ohne Bubble mitbringen sollen, den Roséwein oder doch lieber den roten. Boah, wo ich schon wieder denke: Ist das anstrengend! Kommt doch einfach vorbei! Plötzlich kriegst du auch Stress, räumst auf wie blöd und kochst stundenlang. Und weil es was Besonderes sein soll, wird's unter diesem Druck natürlich nichts und schmeckt scheiße. Ob ein Abend schön wird, ist doch sowieso von anderen Dingen abhängig.

Mit einer aus dem Frankfurter Chor war ich befreundet und stand irgendwann einfach mal vor ihrer Tür. Die hat sich fast zu Tode erschrocken.

›Was ist passiert?‹, fragte sie.

Ich antwortete: ›Na, nix, ich wollte dich nur mal besuchen.‹

›Ach so, bei mir ist aber nicht aufgeräumt.‹

Eh, das ist mir so was von egal. Hätte sie gesagt: Du, ich hab gerade keinen Bock auf dich, wäre es gut gewesen, weil ehrlich. Aber die Wessis können nicht ehrlich sein aus Angst, ihr Gesicht zu verlieren. Und vor lauter Höflichkeit nimmt dann das Drama seinen Lauf. So kann keine Energie fließen.

Alles Kleinigkeiten, ich weiß. Aber die machen doch das Leben aus. Nimm's locker! Nicht immer nur busy busy sein.

Was soll ich viel reden, in Leipzig empfinde ich das Leben eben einfacher, leichter, spüre weniger Druck. Hier bin ich genau richtig.

Bist du noch dran? Wahrscheinlich rede ich mich schon wieder um Kopf und Kragen. Dabei wollte ich dich nur fragen, ob du auch zu meiner Party kommst.«

»Soll ich Wasser mit Bubble oder ohne Bubble mitbringen, Roséwein oder doch lieber den roten?«, frage ich.

»Smirnoff Wodka, bitte schön!«

Judiths Anrufe sind immer wie ein Sommergewitter mit erfrischendem Regen. Wach bin ich jetzt jedenfalls. Ich sehe sie vor mir, wie sie ihre dicken dunkelblonden Haare noch schnell zum Knoten dreht und hochsteckt, die Jacke ihres Calvin-Klein-Kostüms zuknöpft und den sehr kurzen Rock zurechtrückt, einen letzten Blick auf ihre Uhr wirft, ihr Ledertäschchen schnappt und dann losflitzt, um ihre neuen Kunden zu bezirzen.

Was sie erzählt hat, beeindruckt mich, denn es beschreibt nicht nur, was sie für ihre Heimat empfindet, sondern es eröffnet die Hoffnung, dass man verloren Geglaubtes manchmal eben doch wiederfinden kann. Es ist nicht dieselbe Heimat, die man zurückgelassen hat, aber die alten Hüllen können wieder mit neuem Leben gefüllt werden.

Dass der Herkunftsort für fast jeden immer ein besonderer bleibt, kann wahrscheinlich niemand bestreiten, denn die meisten haben so entscheidende Zeiten wie die Kindheit und Jugend in ihm verbracht. Wir haben dort alles Elementare gelernt: Laufen, Sprechen, und im sozialen Miteinander haben wir natürlich ganz nebenbei Besonderheiten wie Dialekt, Rituale und Bräuche sowie kulinarische Gewohnheiten und landestypische Traditionen aufgesogen und gespeichert.

Wenn ich in meiner alten Heimat Meck-Pomm in Greifswald aus dem Zug steige, habe ich immer das Gefühl, der

Wind, der mich hier umweht, ist einer, der mich kennt so wie ich ihn und der mich willkommen heißt. Trete ich dann aus dem kleinen Bahnhof aus gelben Backsteinen hinaus auf die Pflasterstraße, höre ich die Menschen an der Bushaltestelle reden und spüre, wie vertraut mir ihre Art zu sprechen und ihr Tonfall sind. Ich muss gar nicht genau verstehen, worüber sie sich unterhalten, um festzustellen, dass hier meine Wurzeln sind. Für einen Moment kommt es mir dann manchmal so vor, als wäre ich nur mal kurz weg gewesen.

»Na, Mäken, soll ick dir nach Hus fahr'n?«, könnte es in diesem Moment hinter mir brummeln, und ich würde in die erwartungsvollen Augen eines Taxifahrers schauen, einer von der Sorte, die eine offensichtlich Reisende mit Rollkoffer gern anquatschen. Und obwohl ich gerade im Bergischen am Schreibtisch sitze, kann ich vor meinem inneren Auge sehen und hören, wie unser Dialog verlaufen würde:

»Das ist wohl das Beste«, würde ich ihm antworten. »Der Bus kommt ja erst in zwei Stunden.«

Ich würde einsteigen, und nachdem ich meine Herkunft geoutet hätte, würde mir der Fahrer lang und breit erzählen, dass hier mal wieder kein Stein auf dem anderen geblieben ist. Während wir lautstark die aktuelle Lage beschnacken – so als müssten wir auch im Auto die ständige Brise Seewind bekämpfen –, erscheint mir das Bild von der Region Meck-Pomm, die mich geprägt hat und meine Mentalität bestimmt. Ja, ich bin eine Norddeutsche, eine aus dem Osten, eine ganz von oben rechts auf der deutschen Landkarte. Eine, die gern Fisch mit Kartoffeln und Möhrchen isst. Und wer weiß, was ich sonst noch alles verinnerlicht habe, wenn sich mir sogar der Vorgeschmack auf unser traditionelles Freitagsessen so derart unwiderruflich eingeprägt hat.

»Eintopp«, würde der Taxifahrer antworten, wenn ich ihm von meinen kulinarischen Gelüsten erzählt hätte.

»Wie Eintopp?«

»Na, den quer durch'n Gemüsegarten! Up'n Land hatten Sie doch bestimmt ouk einen.«

»Ja, klar, stimmt. Eintopf gab es jeden Montag!«, würde ich bestätigen.

Er würde jetzt von den Kochkünsten seiner Frau erzählen und mich auf den von alten Ulmenbäumen umsäumten Landstraßen nach Hause zu meiner Familie bringen. Und spätestens dort sähe ich die Peti durch die Petra scheinen, denn obwohl ich selbst schon eine erwachsene Tochter habe und mein Leben ganz gut im Griff, bin ich bei meiner Mutter wieder Kind. Klar, eine Heimat waren der Ort und die Menschen meiner Kindheit.

Gilt das, was Judith in Leipzig erfahren hat, dieses Kraftschöpfen, das es ihrer Meinung nach nur durch eine Rückkehr in die alte Heimat geben kann, auch für mich? Und müsste ich etwa wieder dorthin zurückgehen, wenn ich rundherum glücklich werden will?

Weisheiten dazu stehen in meinem roten Poesiealbum aus Kindertagen, das ich heute in meinem bergischen Zuhause aufbewahre. Es ist leicht zu finden, denn sein Buchrücken fällt ins Auge, weil er schon so zerfleddert ist. Ich blättere darin herum. Die schüchterne Lisa mit den geflochtenen Zöpfen hat neben kitschigen rosa Glitzer-Blüten mit krakeliger Schrift geschrieben:

»Vergiss nie die Heimat, wo deine Wiege stand.
Du findest in der Ferne kein zweites Heimatland.«

Soweit ich weiß, wohnt Lisa mit ihrer Familie seit Langem im Schwarzwald, und ich hoffe doch sehr für sie, dass sie dort auch heimisch geworden ist. Klar, vergessen kann man seine Wiegen-Heimat nie, weil sie ein Teil von einem ist. Ich frage mich aber, aus welcher Zeit dieser Spruch stammen mag, liest er sich doch wie eine Drohung, bloß nie woanders sein Glück zu versuchen. In unserer immer mobiler werdenden Welt ist das jedoch undenkbar. Die meisten Deutschen leben heute nicht mehr an dem Ort, an dem sie geboren wurden. Sie mussten ihn verlassen für Studium, Arbeit oder Liebe. Oder sie gingen freiwillig, aus Lust und Laune, um in diesem einen Leben auch noch mal etwas anderes kennenzulernen. Haben diese Menschen dann keine Heimat mehr? Den meisten gelingt es, auch woanders wieder Wurzeln zu schlagen – eine neue Heimat entstehen zu lassen. Ich empfinde diese Möglichkeit als wunderbare Freiheit.

Wer sagt denn auch, dass die erste Heimat immer die beste ist? Wie ist das mit denen, die keinen Schutz in ihren Familien finden, die nicht angenommen werden, wie sie sind? Solchen, denen die Gesellschaft kein würdiges Zuhause bieten kann, weil Krieg und Katastrophen wüten? Die müssen doch aufbrechen, um ihre wahre Heimat zu finden. Welch ein Glück, dass sie nicht nur an einen einzigen Ort, wie den der Geburt, gebunden ist!

Außerdem gibt es an einem neuen Platz immer auch die Möglichkeit, sich neu zu erfinden. Ohne meinen Aufbruch nach Leipzig wäre ich nie Journalistin geworden und ohne die Abkehr vom politischen Irrsinn der DDR keine Schauspielerin. Ohne Ausreise hätte es mich nicht ins Rheinland verschlagen, und ohne Theaterengagements in Köln wäre ich nie beim Fernsehen gelandet.

Mir behagt der Spruch, den ich im Poesiealbum ein paar Seiten weiter von meinem Klassenkameraden Edgar finde, schon etwas mehr. Über seinen treudoofen Blick auf dem Schwarz-Weiß-Foto daneben muss ich schmunzeln, denn eigentlich war er der größte Rabauke in unserer Schule. Er schreibt:

>*Der Mensch braucht ein Plätzchen,*
und sei's noch so klein,
von dem er sagen kann: Sieh her, das ist mein!
Hier leb ich, hier lieb ich, hier ruhe ich aus.
Hier ist meine Heimat, hier bin ich zu Haus.«

Recht hat Edgar, das Plätzchen braucht man wohl. Ich klappe das Buch der Erinnerungen zu, lege es zurück ins Bücherregal und schaue mich in meinem Arbeitszimmer um. Dieser Raum ist mein liebster Platz im Haus. Mein Schreibtisch steht mittendrin. Ich kann um ihn herumlaufen, die Perspektiven wechseln und durch die Fenster auf die unverbaute Landschaft gucken. Das mache ich gern, wenn ich nachdenke.

Seit über zwanzig Jahren ist dieser bergische Flecken nun schon mein Zuhause. Wenn ich eine Zeit lang beruflich unterwegs bin, verspüre ich bereits dann, wenn der Zug bei der Heimfahrt an den Messehallen in Köln-Deutz vorbeirattert, ein vertrautes Gefühl. Der Blick auf den Rhein und den Kölner Dom versetzt mich in Vorfreude. Geschafft!, denke ich dann, packe im Zug schnell die Reiselektüre ein und ziehe die Jacke über, denn in wenigen Momenten überqueren wir die alte Hohenzollernbrücke, und ich steige aus. Im Bahnhof wühle ich mich durch das Getümmel der Menschen, die in vielen Sprachen zu Hause sind, ziehe vorbei an den Verkaufsständen und mache Halt bei »Segafredo«, dem italienischen Bistro, wo mir ein Südländer mit schwarz gegelter Tolle einen kräftigen Cappuccino mit doppeltem Espresso bereitet und auf Kölsch fragt: »'n Herz oder 'n Kleeblatt, wat hätten Se denn heute jern?« Ich mümmele das Schokoladenherz zum Kaffee und freue mich auf meine Freunde und Kollegen, meinen Job und den Alltag, der hiermit beginnt.

So heimisch wie jetzt im Rheinland habe ich mich auch einmal in Leipzig gefühlt. Ende der Siebziger kam ich zum Studieren in diese Stadt – und wurde erwachsen. Judith lernte ich bei einer Party kennen. In einem fransigen, grasgrünen Charleston-Kleid stand sie da und unterhielt unsere lustige Gesellschaft mit einer Gesangseinlage. Was für eine schräge Nudel, dachte ich und sprach sie an. Seitdem treffen wir uns immer wieder.

Ab Mitte der Achtziger waren Judith und ich uns einig, dass diese Stadt in diesem ummauerten Land nicht der Ort war, wo wir uns unser zukünftiges Leben vorstellen mochten. Unabhängig voneinander stellten wir einen Ausreiseantrag. Es war das gesellschaftliche System, das uns nicht passte. Da konnte Leipzig so viel Heimat sein, wie es wollte, für mich und auch für Judith gab es damals keine Perspektive, sondern Berufsverbot und Stasibeschattung. Wir aber wollten ein selbstbestimmtes Leben in Freiheit.

Kurz nach unserer Ausreise kam die Wende, dieser völlig unerwartete Glücksfall der Geschichte. In den folgenden zwei Jahrzehnten ist über vieles Gras gewachsen, sodass Judith heute wieder gern zurückkehrt.

Leipzig ist auch nicht mehr die Stadt, die wir vor über

sechsundzwanzig Jahren verlassen haben. Es wurde so viel gebaut und restauriert, dass ich mitunter Mühe habe, bestimmte Plätze wiederzuerkennen. Dann frage ich mich manches Mal, ob ich noch richtig bin.

Vor allem aber hat sich das Leben hier verändert. Es herrscht ein grundsätzlich anderer Ton als zu Honeckers Zeiten, wo man sich von Staats wegen immer und überall eingeengt fühlte. Leipzig ist zu einer trendigen Oase für junge Leute geworden. Sie kommen aus aller Welt, fühlen sich angezogen von den Möglichkeiten der Aus- und Weiterbildung, des preiswerten Wohnens und der kulturellen Vielfalt, die diese Stadt heute bietet.

So eben auch meine Freundin Judith. All die Dinge, die ihre Lebensqualität entscheidend bestimmen und die sie so lebhaft beschrieben hat, sprechen einfach eindeutig für ihren Entschluss. Ich freue mich für sie und kann verstehen, dass sie über die wiedergewonnene Geborgenheit in ihrer sächsischen Mentalität über all das Vertraute so glücklich ist.

Wie wäre es nun, wenn ich in mein Dörfchen zurückginge? Judiths Leipzig ist schließlich mein Wilhelminenthal. Da hat sich nicht so viel geändert. Die zwölf Häuser stehen wie ehedem an der Straße mit Bushaltestelle, nur die Einwohnerzahl hat sich mehr als halbiert. Was allein noch kein abschreckender Grund wäre, denn um mein bergisches Domizil gruppieren sich sogar nur vier Häuser.

Was mir aber fehlen würde, wären meine jetzigen Freunde, die Kollegen und die Arbeit, mein Netzwerk, das mein Leben und Tun trägt. Was würde ich in Wilhelminenthal machen? Womit könnte ich mein Geld verdienen? Die Möglichkeiten sind dünn gesät in jenem Landstrich. Gerade junge Menschen haben es hier schwer, deshalb versuchen viele gleich nach der Schule woanders ihr Glück. Schauspieler sind wahrscheinlich die Letzten, die hier gebraucht werden.

Mir fällt Rüdiger ein, der begabte bildende Künstler aus einem Nachbardorf. Der ist wahnsinnig unzufrieden, weil er für seine Arbeiten eigentlich ein anderes Umfeld bräuchte. Aber er will auf keinen Fall weg, weil es doch seine Heimat ist. Lieber jammert er seit Jahren herum und schimpft, dass die Welt nicht zu ihm komme. Meine Freundin Amely meint, Rüdiger wolle leiden und hätte sowieso viel zu viel Angst vor Erfolg. Doch ich glaube, so einfach ist das nicht. Irgendetwas wird es geben, das ihn dort hält. Solche Entscheidungen wirken sich schließlich auf den gesamten Lebensentwurf aus.

Für mich kann Heimat nur dann Heimat sein, wenn ich mich auch entwickeln kann. Aber schön ist es in Meck-Pomm. Ich sehe mich schon wieder am Greifswalder Bahnhof, habe die Prise Seewind in der Nase und höre die Stimme des Taxifahrers: »Na Mäken, soll ick dir nach Hus fahr'n!« Meine Mutter würde sich riesig freuen, liebend gern den Eintopp meiner Wahl machen, und vielleicht käme sogar meine Schulfreundin Christiane vorbei. Kurz entschlossen setze ich mich an meinen Laptop und buche ein Bahnticket. Ich habe nämlich Heimweh bekommen.

Lupo und die Notfallbox

Was man gegen Heimweh tun kann

Die Mode setzt in diesem Frühjahr eindeutig auf Farbe, stelle ich fest, als ich die Wartenden an den Gleisen des Kölner Hauptbahnhofs beobachte. Es ist erst Mitte Mai, aber seit zwei Tagen so sommerlich warm, dass die meisten ihre grauen Kuschelhüllen wohl endgültig im hintersten Fach des Kleiderschranks verstaut haben. Ich positioniere mich inmitten der Farbtupfer in Gelb. Wenn das Wetter so bleibt, geht's sofort zum Strand, denke ich und freue mich umso mehr auf meinen Kurzurlaub bei meiner Mutter. Ehrlich gesagt zieht es mich alle paar Monate dorthin. Ich versuche immer, wirkliches Heimweh gar nicht erst aufkommen zu lassen.

Im ICE packe ich meinen Laptop aus, genauso wie das junge Pferdeschwanz-Mädchen und der Geschäftsreisende in Grau, die mir gegenübersitzen. Nach einigem Geschiebe gelingt es uns, die Geräte auf dem kleinen Tisch zu arrangieren. Wir richten uns ein, packen Wasserflaschen und halbe

Büchereien aus, verteilen diese auf dem Schoß, hakeln unsere Beine aneinander vorbei, drücken auf die Startknöpfe unserer elektronischen Geräte und vertiefen uns in die virtuellen Welten auf unseren Bildschirmen.

»Sophie, nun stell dich hier rein, und sei erst mal still!«, höre ich eine Mutter ihre kleine Tochter entnervt zwischen die Sitzreihen schräg gegenüber dirigieren. Sophie ist vielleicht fünf, man hat ihr dünnes hellblondes Haar zu einem Pagenschnitt frisiert. Während ihr die Mutter den Bärenrucksack abnimmt, quengelt sie. »Ich will mein Malbuch, mein Malbuhuuch!«

»Ja, hier ist es doch!«

Die Mama holt es aus ihrer Tasche, drückt es ihr in die Hand, lässt sich erschöpft in ihren Sitz fallen und reibt sich die müden Augen. Die Frau braucht eindeutig Urlaub, denke ich.

Sophie will, dass alles wieder gut ist, und kuschelt sich an sie. Das Mädchen bemerkt meinen Blick.

»Wir sind nämlich umgezogen«, sagt sie zu mir. »Nach Wuppertal!«

»Und, freust du dich?«, frage ich zurück.

»Ja, ich hab nun zwei Zuhause, eins bei Mama und eins bei Papa.«

Die Mutter rollt die Augen, versucht ein müdes Lächeln und öffnet schnell das Malheft. »Komm, wir schreiben in dein neues Buch.«

Sophie ist wieder abgelenkt.

Ich schaue aus dem Fenster. So kann man die Trennung auch verkaufen: zwei Zuhause statt nur eines. Ob sich die kleine Sophie wirklich freut oder den Erklärungsnotstand der getrennten Eltern weitergibt, wer weiß. Vielleicht ist sie jetzt von Montag bis Donnerstag bei Mama in Wuppertal und von Freitag bis Sonntag bei Papa in Köln. Ungewöhnlich ist es heute nicht, dass Kinder in zwei Heimaten aufwachsen.

Klingt aber seltsam, dieses Wort in der Mehrzahl: die Heimaten. Unsere Lebensumstände verändern sich wohl so schnell, dass die Sprache hinterherhinkt. Sophie ist ja kein Einzelfall. Mir fallen einige meiner Freunde ein, die das genauso handhaben. Meine Freundin Amely und ihr Ex haben auch versucht, das Zusammenleben mit ihrem Sohn Jakob auf diese Weise zu regeln.

»Hör mir auf mit Heimat Mama, Heimat Papa!«, hat sie mal geklagt. »War Jakob bei mir, war Papa der Beste. War Jakob bei ihm, verlangte er nach mir. Immer diese Sehnsucht nach dem, der fehlt. Das konnten wir erst mit einer Traumatherapie lösen.«

Die Lautsprecherdurchsage kündigt Wuppertal an.

»Ich will aber noch malen!«, fordert Sophie und ist kurz davor, zu weinen.

»Gleich, gleich kannst du wieder malen«, beruhigt die Mutter sie, steckt das Heft ein und gibt ihr einen grauen abgewetzten Stoffhasen, den Sophie sofort an sich drückt.

Ich lächele ihr zu. »Den magst du gern, was?«

»Das ist Lupo, mein Heimweh-Hase«, erklärt sie mir.

»Aha.«

»Dem erzähle ich alles. Immer.«

Die Mutter rollt wieder die Augen und atmet entnervt durch die Nase. »Wir müssen raus. Stell dich hier an die Lehne, und halt dich fest!«

Ich helfe ihnen, die Koffer aus dem Gepäckfach zu ziehen.

Durch das Fenster sehe ich dann noch, wie die Mama sich

mit ihren Koffern und der kleinen Sophie, die sich an einem festhält, durch das Gewühl schiebt. Mit der anderen Hand hat das Mädchen ihren Hasen fest an die Brust gedrückt.

Ich sollte mir auch so einen Lupo zulegen, denke ich. Von dem verspreche ich mir mehr Trost als von Amelys Traumatherapie. Ich muss an Anna, Jörg und Christoph denken. Alle drei haben zu Ostern bei mir vorbeigeschaut. Dafür, dass wir uns vor Kurzem noch jeden Tag gesehen haben, ist das nicht viel.

Heimweh kann schlimm sein.

»Schlimmer als Hunger«, hat Opa Franz mal zu mir gesagt. Da ich als Kind noch nicht verstand, welche Rolle seine fünf Jahre andauernde Kriegsgefangenschaft tausende Kilometer weit entfernt im russischen Ural dabei spielte, begriff ich erst viel später, was er damit gemeint haben mochte. Es ging um Leben und Tod. Durchhalten und zurückkehren können zur Familie oder im Lager krepieren. Vielleicht muss Heimweh stärker sein als Hunger, weil man sonst einfach aufgibt?

Als Kind kannte ich beides nicht. Hunger schon mal überhaupt nicht, weil Essen eine so große Rolle in unserer Familie spielte und mit seinem Überangebot für mich eher ein Albtraum war, der bis heute nachhallt: »Nun iss noch was!«

Genauso wenig kannte ich Heimweh. Ich war ja immer zu Hause. Vielleicht verbrachte ich mal eine Nacht bei Tante Betty im Nachbardorf. Das kam aber höchstens einmal im Jahr vor, wenn Mutti und Vati zur Betriebsfeier gingen. Und selbst da war ich froh, wenn ich am nächsten Tag den Trabi vor der Tür hörte und meine Eltern kamen, um mich wieder abzuholen. Warum sollte ich woanders sein? Zu Hause gab es alles, was ich brauchte. Das sollte auch bitte schön so bleiben.

Und das tat es.

Bis ich mit elf Jahren für zwei Wochen ins Betriebsferienlager von Muttis Konsum an die Ostsee fuhr. Das hatte ich nicht selbst entschieden, natürlich hatte mich auch keiner gezwungen, nein, ich war eher überrumpelt worden. Mutti meinte, ich müsse mal etwas anderes kennenlernen, die Kinder ihrer Kollegen seien immer so begeistert. Aber wozu? Ich erlebte doch jeden Tag etwas, außerdem hatte ich meine Freundin Sabine. Zusammen mit ihr wäre ich gern gefahren, aber das ging nicht, denn Sabines Mutter arbeitete in der Landwirtschaft, nicht wie meine hinter der Ladentheke. Gut, zwei Wochen sind überschaubar, dachte ich mir und willigte ein. Doch bereits beim Packen von Vatis schwarzem Pappkoffer, den er mir für diese Reise lieh, überkam mich ein mulmiges Gefühl. In der Nacht vor der Abfahrt schlief ich schlecht.

»Ich glaube, ich werde krank«, verkündete ich mit sehr wehleidigem Gesichtsausdruck am Morgen.

»Komm, das wird dir gefallen!«, versuchte Mutti mich aufzumuntern und lächelte beim Abschied so übertrieben fröhlich, als würde mich der blaue Barkas-Transporter ins Schlaraffenland bringen.

Das machte mich noch skeptischer, aber ich stieg ein. Aus den umliegenden Dörfern holten wir noch zwei Mädchen und einen Jungen ab und wechselten die ganze Fahrt über kaum ein Wort.

»Wat seid ihr für trübe Tassen! Kann ja lustig werden im Ferienlager!«, spottete der Fahrer, als er uns nach einer Reise über buckelige Sandstraßen und durch Kiefernwälder im Ostsee-Hinterland von Bodstedt aussteigen ließ. Er zeigte auf das Emblem mit dem rot umrandeten, geschwungenen »K«, das Zeichen für Konsum. Unter dem Banner »*Mach mit, mach's nach, mach's besser!*«, das ich von der gleichnamigen Sportsendung im Fernsehen kannte, trotteten wir durch eine Eisenpforte.

Eine propere Frau mit dunklen Haaren und Brille, die sich als »Erzieherin Gabi« vorstellte, nahm uns in Empfang und brachte uns über eine sonnenverbrannte Wiese zu blau gestrichenen Holzbaracken. Mich schob sie in die Nummer sieben. Ich begutachtete die karge Inneneinrichtung mit vier Doppelstockbetten auf jeder Seite und grauen Eisenspinden an der Front. In der Mitte drängelte sich ein Haufen junger Mädchen.

»Nun rückt mal zusammen, ihr Hühnchen!«, forderte Gabi, was in dieser Enge fast unmöglich war, also quetschte sie mich irgendwo zwischen. Während sie uns über den Tagesablauf belehrte, zählte ich fünfzehn Mädchen. Ein paar tuschelten und kicherten. »Ruhe!«, keifte Gabi mit schriller Stimme. »Ruhe im Stall!«

Sie behandelte uns wirklich wie Hühner!

»Damit das klar ist: Ich sage ein Mal etwas. Ein Mal. Für diejenigen mit Bohnen in den Ohren wiederhole ich es noch mal, aber ein drittes Mal gibt es nicht. Dann treffen wir uns beim Lagerleiter! Paletti? Stellt eure Koffer schon mal in das Fach mit der Nummer, die ich euch am Eingang gegeben habe.« Sie deutete auf den Spind hinter sich. »Wir sehen uns in fünf Minuten beim Fahnenappell! Also zacki, zacki!«

Ich war Nummer zehn. Vatis Koffer passte nicht ins Fach, er war zu lang, sodass ich die Tür nicht zubekam.

»Was is 'n das für 'n Monstrum!«, sagte ein Mädchen mit roten Strubbelhaaren. »Is der noch aus 'm Krieg?«

Sie erntete Lacher. Ich schluckte.

»Is 'n Abstelltisch«, entgegnete ich, zog den Koffer wieder raus und stellte ihn neben mein Bett. »So was gibt's ja hier nicht. Da dachte ich, ich bring mir besser einen mit.«

»Fetzt«, sagte eine kleine Blonde mit Zöpfen leise. »Können wir Karten drauf spielen.«

Die Rothaarige zuckte mit den Schultern und tat sehr abfällig. »Kriegste Ärger, darf man nich.« Anscheinend war sie nicht zum ersten Mal hier.

Eine Sirene heulte.

»Fahnenappell!«, schrie die Rothaarige und stürmte los.

Wir rannten raus, ihr hinterher. Ein Mann mit Bauch und Glatze, Herr Krüger, der Leiter, erörterte lang und breit, dass das Ferienlager der Gesundheit und Erholung diene, und damit das auch gelinge, müssten Regeln eingehalten werden. Er verlas einen ellenlangen Plan mit Essens-, Schlaf-, Sport-, Bade- und Spielzeiten, von dem ich mir nur merken konnte: Immer schön bei der Gruppe bleiben, immer schön mitmachen, nachmachen, besser machen! Das sollte Urlaub sein? Wie toll war es dagegen, mit Sabine durch den Wald zu streunen und mal zu gucken, was sich ergab. Was sollte ich hier? Ich hätte mich am liebsten weggezaubert.

Die Kissenschlacht am Abend war lustig und sorgte dafür, dass wir ein bisschen auftauten und uns kennenlernten, führte aber dazu, dass unsere gesamte Baracke sieben von Gabi einen Verweis bekam mit der Drohung, nach Hause geschickt zu werden. Insgeheim wäre mir das nur recht gewesen, aber vor meinen Eltern hätte ich mich geschämt. Also beschloss ich durchzuhalten.

Ich war also die Nummer zehn in Baracke sieben, lag in dem knarzigen Eisenbett und konnte nicht schlafen. Über mir drehte sich die blonde Zopf-Ines von links nach rechts und von rechts nach links. Das Bett wackelte bei jeder ihrer

Bewegungen. An Schlafen war sowieso nicht zu denken – also dachte ich an zu Hause.

Am anderen Morgen kam ich mir elend vor und hatte beim angekündigten Handballspiel weder Lust mitzumachen noch nachzumachen noch … Ich entschied mich für »stille Freizeit«.

Aus meinem Koffer holte ich die vorsorglich eingesteckte Postkarte mit dem Schwarz-Weiß-Foto vom Landambulatorium Jarmen, das Haus, in dem ich geboren wurde, heraus und schrieb:

Liebe Mutti, lieber Vati!
   Das Ferienlager ist bestimmt gut. Aber ich habe dolle Bauchschmerzen und muss immer an euch denken. Ich habe euch sehr lieb. Eure Peti.

Sollten sie entscheiden, ob sie mich hier erlösten oder nicht. Ich steckte die Karte in den Briefkasten, ging auf die Toilette und betätigte fünfmal die Spülung, damit niemand hörte, dass ich weinte.

Draußen vor den Waschräumen stand Zopf-Ines, fast so, als hätte sie auf mich gewartet.

»Ich mag auch kein Handball«, sagte sie. »Wollen wir im Aufenthaltsraum nach Spielen gucken?«

Auf dem Weg dorthin langte sie in ihre Tasche und holte zwei zerquetschte Stücke Streuselkuchen aus einer bunten Schachtel.

»Hier!« Sie reichte mir eines. »Is von Oma.«

Wir setzten uns auf die Feldsteinreihe hinter der Baracke. Der Kuchen schmeckte alt und ein wenig nach Metall, aber das sagte ich ihr nicht.

»Gut, was?« Ines wischte sich die Krümel vom Mund. Sie öffnete erneut ihre Schachtel und zeigte mir ein Foto, auf dem eine junge Frau mit Pferdeschwanz an einer Hecke lehnte. »Das ist Sybille, meine große Schwester. Diese Schatulle hat sie mir geschenkt. Ist schon länger her. Bevor sie nach Halle ging. Die heißt Notfallbox.«

Ich verstand nicht. »Notfall? ... Was für einer denn?«

»Sybille meint, wenn ich mal Heimweh kriege oder so. Dann soll ich hier drin kramen.«

Ich blickte in die mit dunklem Samt ausgeschlagene Box und entdeckte bekritzelte Zettel, ein kleines Buch, Steine und so etwas wie ein Püppchen. Ines begann die Zettel zu lesen. Ich war ein bisschen neidisch. Ich hatte nur meinen Affen Bimbo mitgenommen, der durch ein Loch schon sein Innenleben aus Stroh verlor.

»Aber nicht den anderen davon erzählen!«, forderte Ines. »Versprich es.«

Ich versprach es, obwohl doch in dieser Notfallbox nur ihre Geheimnisse und Erinnerungen aufbewahrt wurden, nicht meine.

»Hast du Heimweh?«, fragte ich sie.

Sie schüttelte verstohlen den Kopf und holte ein paar bunte Karten aus ihrer Schachtel. »Du?«

»Nö«, antwortete ich sehr schnell. »Sind ja nur noch dreizehn Tage.«

Ines überlegte. »Zwölf, also genau genommen, zwölf.«

Ich fand das unendlich lange. Ines auch, glaube ich. Aber sie hatte diese Box für alle Fälle.

In den nächsten Tagen sammelte ich einen Haufen Zeugs, um neben Bimbo auch irgendetwas Persönliches zu haben: Muscheln, Kiefernzapfen, schöne Steine. Und von meinem

Taschengeld kaufte ich mir Postkarten von der Ostsee. Das alles wickelte ich in mein buntes Halstuch und schaute hin und wieder hinein.

Nach einer Woche sah ich kurz vor dem Mittagessen Mutti in ihrem himmelblauen Strandkleid über den Fahnenappellplatz schreiten und mit dem Leiter, den wir Birne nannten, reden. Birne winkte mich zu ihnen. Oh Mann, hoffentlich kriegen das die anderen nicht mit, dachte ich. Das wäre mir furchtbar peinlich gewesen. Ich wehrte Muttis Umarmung ab, obwohl ich darin hätte versinken können.

»Alles in Ordnung, Peti?«, flüsterte sie. »Oder soll ich dich mit nach Hause nehmen?«

»Mutti, nicht so lau-haut. – Nein, ich bleibe«, hörte ich mich mit standhafter Stimme antworten, als wäre dies eine Übung, mit der ich mir selbst etwas beweisen wollte.

»Das ist gut. Ich bin ja auch nur hier, um mit Herrn Krüger etwas zu bereden. Geschäftlich.« Sie packte eine Tüte aus. »Und um selbst gemachte Bonbons vorbeizubringen. Sind für alle!«, sagte sie, tätschelte mir über den Kopf, gab mir die Tüte und schickte mich zurück in die Baracke.

Die rothaarige Marita rief vom Bett aus: »Na, kommt Mutti ihr Baby abholen?«

»Nee, Dienstgespräch!«, entgegnete ich locker. »Und Bonbons für alle.«

Denen konnte auch Marita nicht widerstehen.

Die zweite Woche verging schnell. Ich war froh, dass es Ines gab. Wir machten alles zusammen und störten uns nicht weiter an Marita und ihrem Trupp. Meistens ließen wir sie einfach links liegen.

Wir spielten Federball, beteiligten uns an der Lager-Olympiade, gingen wandern und schwimmen. Langsam fing das Feriencamp an, mir zu gefallen. Ich konnte auch wieder schlafen, und das Essen aus der Gemeinschaftsküche war manchmal gar nicht so schlecht. Es gab hier zum Beispiel Eierkuchen mit Pflaumensoße, so was machte Mutti nie.

Als der Barkas uns am vierzehnten Tag wieder nach Hause brachte, fand ich dort alles so vor, wie ich es verlassen hatte. Nichts hatte sich verändert, als wäre ich gar nicht weg gewesen. Mutti hatte mein Lieblingsessen gekocht, Entenbraten mit Klößen. Das gab es sonst nur an Festtagen.

Dennoch spürte ich einen Unterschied. Hatte *ich* mich verändert? Zum ersten Mal hatte ich erfahren, wie es ist, für eine Zeit von zu Hause weg zu sein. Ich hatte all das Vertraute vermisst, was sonst so selbstverständlich um mich war, meine Eltern und Großeltern, mein Zimmer, den Garten, die Umgebung und natürlich meine Freundin Sabine. War das die Heimat, von der die Erwachsenen öfter sprachen? Etwas, das erst in der Ferne groß wird und an das man mit Wehmut denkt, wenn es einem fehlt?

Kaum dass wir uns an den Mittagstisch gesetzt hatten, klopfte Sabine an die Tür und gesellte sich zu uns. Eine halbe Stunde verging, und ich hatte kaum etwas von meiner Entenkeule gegessen, weil ich so viel zu erzählen hatte. Von Strandspielen, Nachtwanderungen und Makramee-Armbändern, die ich gleich aus dem Koffer zog, um sie Sabine und Mutti um den Arm zu binden. Für Vati hatte ich einen Aschenbecher aus Muscheln gebastelt.

»Du hast es gut«, seufzte Sabine dazwischen.

Wenn du wüsstest, wie ich dich die erste Woche beneidet habe, dachte ich und gelobte still, nie wieder ohne sie wegzufahren.

Mutti hob meine Keule für das Abendessen im Küchenschrank auf, Sabine und ich rannten raus und spielten. Irgendwas. Wie immer.

Während ich mich an diese Anekdote erinnere, blicke ich aus dem Zugfenster und lasse die Frühlingslandschaft an mir vorüberziehen. Die Geschichte von damals weist im Vergleich zu heute einen entscheidenden Unterschied auf: In unsere Hofgemeinschaft werde ich nicht zurückkehren können, es gibt sie nicht mehr. Da geht es mir ein wenig wie der kleinen Sophie mit ihren getrennten Eltern. Wie früher wird es nicht wieder sein. Mein Leben im Bergischen wird ein anderes. Ich bin gespannt, wohin es sich entwickelt. Wer wird in die frei gewordenen Wohnungen ziehen? Werden wir uns verstehen? Was werde ich unternehmen?

Wenn mich das Heimweh zwischendurch überkommt, habe ich ja zum Glück auch so etwas wie Sophies Lupo: meine Telefon-Flatrate. Und eine Notfallbox: meine Speicherkarte prallvoll mit Fotos, Texten und Musik. Oder ich setze mich in die Bahn oder das Auto. Denn Besuche tun gut. Wie auch diese Reise in meine alte Heimat zu meiner Mutter.

Jarmen zum Gotterbarmen

Wie sich Heimat mit der Zeit verändert

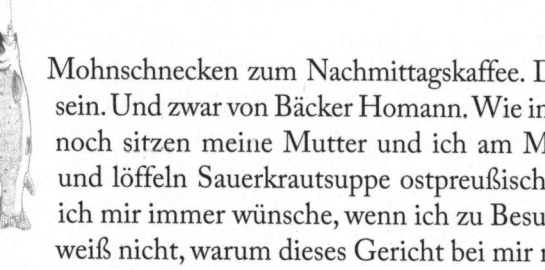

Mohnschnecken zum Nachmittagskaffee. Die müssen sein. Und zwar von Bäcker Homann. Wie immer. Aber noch sitzen meine Mutter und ich am Mittagstisch und löffeln Sauerkrautsuppe ostpreußischer Art, die ich mir immer wünsche, wenn ich zu Besuch bin. Ich weiß nicht, warum dieses Gericht bei mir nicht so lecker schmeckt, obwohl ich doch alles genauso mache, wie es im Rezept steht, das sie mir gegeben hat. Vielleicht hat meine Mutter mir das letzte Geheimnis noch nicht verraten, oder es liegt daran, dass aus ihren blau-weißen Suppentellern sowieso jeder Löffel besonders schmeckt. Ein wunderbares Wohlgefühl stellt sich ein, und ich sollte nach zwei Kellen Nachschlag eigentlich an etwas anderes denken als an Homanns Mohnschnecken.

»Dann hol mal welche!«, sagt meine Mutter und reicht mir den orange-grün geblümten Dederon-Beutel, den ich hier seit gefühlten fünfzig Jahren zum Einkaufen mitnehme. Obwohl er erst siebenundvierzig Jahre alt ist, wie mir Mutti allen Ernstes versichert. »Der is von '66, weiß ich ganz genau, weil wir da unseren ersten Trabi bekommen haben und ich aus diesem Stoff nicht nur diese Einkaufstasche, sondern auch unseren ersten Windfang für die Strandausflüge genäht habe. Weißt du doch, Peti!«

Ehrlich gesagt hatte ich das vergessen – aber so viel zum Brückenbauen für ein perfektes Gedächtnis.

Muttis Beutel aus dem berühmten DDR-Kittelstoff lässt sich wie ein Taschentuch zusammenknüllen. Ich quetsche ihn in meine Hosentasche – praktisch. Es war eben doch nicht alles schlecht in der »Dedeär«! Bestimmt gibt es so ähnliche heute auch wieder in irgendwelchen hippen Berliner Läden im Prenzlauer Berg für zwanzig Euro achtzig. Als Retro-Shopper-Bag oder so. Ich frage mich, wer solche Sachen heute kauft? Menschen, bei denen sie Erinnerungen wecken? Die damit ein ostalgisches Gefühl zu befriedigen versuchen, das die Vergangenheit auf so schöne Weise verklärt? Oder schlicht der zugezogene Schwabe, der sie einfach cool findet?

Wie auch immer. Das Objekt *meiner* ostalgischen Begierde sind jetzt Homanns Mohnschnecken. Ich schnappe mir Muttis Fahrrad und radele los. Weil Bewegung meinem gefüllten Bauch guttut und es so traumhaft schönes Wetter ist, fahre ich kreuz und quer durch Jarmen, das Städtchen, in dem ich zur Schule ging und in das meine Mutter vor ein paar Jahren wie so viele andere aus den umliegenden Dörfern gezogen ist. Denn es ist komfortabler, hier zu leben als in den dörflichen Ansiedlungen, denen es heute irgendwie an Behaglichkeit fehlt. Typische Landflucht.

Natürlich vergoldet die Sonne heute alles. Die zweistöckigen Häuschen aus Gründerzeittagen sind hübsch anzusehen. Auf den Straßen herrscht eine aufgeräumte Ruhe. Mir kommt ein Reim in den Kopf, den ich als Kind öfter gehört habe: »In Jarmen ist's zum Gotterbarmen.« Was ist damit eigentlich gemeint? Die Langeweile einer Kleinstadt? Ehrlich gesagt habe ich diesen Spruch schon damals nicht verstanden. Wenn wir Dörfler uns zum Einkaufen auf den Weg machten, dann doch zuerst nach Jarmen, um dort im HO- oder Konsum-Warenhaus unsere Dederon-Beutel mit dem zu füllen, was es im ländlichen Tante-Emma-Konsum nicht gab. Gut, das Angebot war auch in der Stadt nicht berauschend, aber das war es nirgendwo, denn mehr als diese zwei Warenhausketten existierten ja im ganzen Land nicht.

Mein Fahrrad rumpelt über das Kopfsteinpflaster zum Alten Markt mit seiner neugotischen Kirche und den schön sanierten Wohnhäusern, die sich um den beschaulichen Platz gruppieren. Die Baustoffknappheit in der DDR hatte auch ihr Gutes. Wer weiß, ob diese historische Kulisse sonst noch stünde. Mir fallen neben den fein restaurierten Fassaden die schmucken Türen mit den originellen Schnitzereien auf, eine schöner als die andere. Es muss hier einst recht kreative Schreiner gegeben haben. Seltsam, aber diese Details hatte ich gar nicht in Erinnerung.

Als Kind musste ich mit Oma nach langem Anstehen beim Fleischer und Bäcker immer die Runde bis hierher zur Apotheke machen, und dann hieß es noch einmal: einreihen, anstellen, warten. Heute ist kein Mensch auf diesem Platz. Und die Apotheke gibt es auch nicht mehr.

Über das Kopfsteinpflaster knatterte bis in die sechziger Jahre der gesamte Fernverkehr Richtung Ostsee. Eine weitere Fernverkehrsstraße durchquerte die Stadt gen Osten. Kam vielleicht daher der Spruch als Mitleidsbekundung für einen Ort, den die meisten nur auf der Durchreise passierten? Heute rollen die Autos auf einer Umgehungsstraße um die Stadt herum, und nur wenige Kilometer hinter dem Stadtrand verläuft die neue Autobahn.

Für die alltäglichen Besorgungen ist Jarmen für sein ländliches Umland unverzichtbar geblieben. Ansonsten ist nichts mehr wie damals. Vier führende Supermarktketten werben um die Gunst von ein paar tausend Käufern. Unglaublich, wie viele gefüllte Kisten und Körbe die Menschen in die Kofferräume ihrer teuren Autos schleppen. Sind wir damals nicht auch satt geworden?

Im ehemaligen HO-Warenhaus befindet sich jetzt die Volksbank und im Haus des Konsums ein Inder mit Resterampe. Aus dem Landambulatorium ist ein Seniorenheim geworden, aus der Post ein Heim für altersgerechtes Wohnen, und in meine Schülergaststätte sind die Zeugen Jehovas eingezogen. Die Zuckerfabrik, über hundert Jahre der größte Arbeitgeber im Ort, ist in den Neunzigern abgerissen worden, an ihrer Stelle steht jetzt ein Feld mit Solaranlagen.

Meine Schule aus roten Backsteinen ist hingegen noch da, heißt jetzt allerdings Europaschule statt Polytechnische Oberschule »Ernst Thälmann«. Der Hang zum Übertreiben ist also geblieben.

Ich fahre zum Hafen an die Peene. Die ist, was sie immer war: ein Fluss, der gemächlich Richtung Bodden ins Meer fließt. Nigelnagelneu wiederum sind die beiden Brücken rechts vom Kai, eine für die Bundesstraße und die andere parallel dazu ein paar hundert Meter weiter für die A20.

Links blitzen drei riesige Getreidesilos in der Sonne. Am Ufer stehen ein paar Angler, ich halte an.

Ein fülliger Mann in blauer Arbeitsjacke kurbelt seine Angel hoch. »Petri Heil!«, sage ich und nicke anerkennend zu seinem vielleicht Zwanzig–Zentimeter-Fang.

»Nix Petri Dank«, brummelt er, befreit den Fisch vom Haken und wirft ihn zurück ins Wasser.

Ich stutze.

»Dat is 'n Barsch. Den gibt's ohne Ende. Der hier is viiiel tu lütt, der soll ma noch wat wachsen. Aber der Zander hier im Eimer, der geht.«

Oh ja, der ist mindestens dreimal so groß. Ich bestaune das zappelnde Tier, das sich derart gerollt in diesem runden Bottich bequem in die Mittelflosse beißen könnte.

»Der Bursche reicht für mich un mine Fru, den gibt's hüt zum Abendbrot. Jetzt fisch ick nur noch aus Lust und Laune.« Er wirft seine Angel wieder ins Wasser und lächelt vor sich hin. »Hier steh'n, dat is min Glück. Dat tu ich jeden Tach, dat beruhigt schön.«

Ich frage mich, was den gemütlich dreinblickenden Mann mit den rot glühenden Wangen aufregen könnte, stelle mich dazu und folge seinem Blick über den Fluss auf das Peenetal. Ein schönes Stück Natur. Wenn er das mit Glück meint, muss ich ihm recht geben. Ob er denn wisse, was der Spruch vom Gotterbarmen zu bedeuten hätte, frage ich ihn.

Er lacht. »Dat is 'n Trick, der Spruch! Wer den einmal gehört hat, kann uns nämlich nie mehr vergessen! Der liebe Gott nich, un du ouk nich. Ha, ha! Jarmen is 'ne Perle. Aber dote Hose hier.« Dabei blickt er mich von oben bis unten an, als ob ich wegen irgendwelcher aufregenden Festspiele hierhergekommen wäre.

»Na, vergessen werde ich Jarmen sowieso nicht, ich bin in der Nähe aufgewachsen«, erzähle ich ihm.

»Joh?«, fragt er und überlegt, ob er mich kennt, schüttelt aber entschieden den Kopf und holt einen kleinen Flachmann aus der Brusttasche. »Willst ouk einen?« Er nickt mir aufmunternd zu und kramt ein Pinnchen hervor.

»Nee, danke, muss noch einkaufen. Aber allzeit Petri Heil!«, wünsche ich ihm und radele nun schnurstracks zu Bäcker Homann.

Der Laden ist noch im gleichen Haus, aber mit seinem vergrößerten Verkaufsraum, in dem man heute sitzen und zu Kuchen oder Brötchen einen Kaffee trinken kann, nicht mehr wiederzuerkennen. Ich lasse mir von der Bäckersfrau mit den grauen Haaren drei Stück der saftig mit Zuckerguss überzogenen Mohnschnecken in die Papiertüte packen.

»Mhm, die sind lecker«, freue ich mich, »endlich mal etwas, das geblieben ist aus der Kindheit, sonst hat sich ja hier alles …«

»Welcher Kindheit?«, unterbricht mich die ältere Frau hinter der Ladentheke.

Äh, will sie jetzt mein Alter checken? Oder sollte ich sie kennen? Eine Schulkameradin vielleicht?

»Na damals, so Sechziger, Siebziger …«, stottere ich.

»Da gab's keine Mohnschnecken, die ham wir erst seit der Wende im ständigen Angebot. Mohn war doch so knapp in der DDR.«

Ich muss mich an der Ablage für die Einkaufskörbe festhalten. Wie bitte? Kann ich nicht mal mehr meinem Gedächtnis trauen? Ich bin perplex. Nicht genug damit, dass sich hier alles verändert hat, jetzt sind meine Mohnschnecken-Erinnerungen auch noch Phantasiegebilde! Oje! Was ist denn dann überhaupt von der alten Heimat geblieben?

»Na, ich«, sagt meine Mutter, als ich ihr davon erzähle, und meint, dass ich das mal nicht so tragisch nehmen soll, es handele sich ja nur um Kuchen. »Sei froh, dass sich alles so schön verändert hat. Ich wünsche mich nicht zurück.« Sie deckt für drei auf.

»Ähm … wer kommt denn noch?«, frage ich vorsichtig. »Habe ich vielleicht auch vergessen, dass ich einen Bruder oder eine Schwester habe?«

Sie grinst vielsagend.

»Iiich!«, tönt es aus dem Nebenraum.

Meine Schulfreundin Christiane! Ihre rauchige Stimme mit dem dunklen Nachhall hat sich nicht verändert.

»Überraschung!«

Sie reißt die Tür auf, und wir fallen uns um den Hals. Wir haben uns bestimmt ein paar Jahre nicht gesehen, aber mir kommt es vor, als wäre keine Zeit vergangen. Ihre Haare sind länger als damals, sie trägt fast die gleiche Frisur wie ich, halblang, gestuft, bisschen strubbelig, nur in Braun.

»Ideale Friese, so sieht man uns das Alter nicht gleich an«, findet sie. »Jedenfalls nicht von hinten.«

Christiane hat die Gegend nie verlassen und ist zufrieden. Woanders leben wollte sie zu keiner Zeit. Kürzlich ist sie zur Abteilungschefin in einem Greifswalder Chemielabor avanciert, die Kinder haben Jobs in größeren Städten im Süden der Republik, verheiratet ist sie immer noch. Es gibt viel zu erzählen.

Die süßen Teilchen sind köstlich, und ich frage sie, ob sie das mit dem Mohn gewusst hätte.

»Nee. Aber haben wir vom Bäcker nicht alles mitgenommen, was nach der Schule ab zwei verkrustet im Schaufensterregal lag? Die Randstücke vom Blechkuchen und die abgefallenen Brösel vom Baiser? Das fällt mir ein, wenn ich an Bäcker Homann denke.«

Ich zucke mit den Schultern. Christiane winkt ab und meint, dass mit Erinnerungen jeder seinen eigenen Film abspule. Und der diene sowieso mehr dem Gefühl als der Wahrheit.

Der Gefühle wegen zieht es mich nach dem Kaffee in mein Heimatdorf Wilhelminenthal. Christiane kommt mit. Das Kopfsteinpflaster ist für Fahrräder zu holperig, deshalb weichen wir auf den Sandpfad neben der Straße aus. Er ist so schmal, dass wir nur hintereinander fahren können.

Es tut gut, den erdig frischen Duft des Waldes zu atmen. Im Schatten ist es fast ein bisschen kühl. Der Frühling hat die Knospen an den Bäumen und Sträuchern zum Explodieren gebracht. So viele Grüntöne gibt es nur um diese Zeit. Wir treten kräftig in die Pedalen, um die fünf Kilometer schnell hinter uns zu bringen. Vom Waldrand aus sehe ich schon die Dachspitzen meines Dorfes. Mir wird wohlig ums Herz. Nur noch ein paar hundert Meter, dann biegen wir zwischen den Gärten zu unserem Haus ab, wo ich mit meinen Eltern so lange gewohnt habe. Später, in den Achtzigern, kam Opa Franz dazu und mietete die Wohnung direkt nebenan.

Am Stall wächst nach wie vor der Jasmin. Er ist in voller Blüte, und sein betörender Duft löst ein vertrautes Gefühl in mir aus. Ich sehe unser Haus. Seine grauen Feldsteine und roten Ziegel leuchten warm in der Nachmittagssonne. Die Mauern haben schon über hundertachtzig Jahre auf dem Buckel, und wenn man sie bautechnisch nicht verschandelt, steht ihnen für weitere hundertachtzig nichts im Wege. Vor meinem inneren Auge sehe ich meinen Opa zum Stall gegenüber schlurfen. Wir halten an, ich muss zweimal blinzeln.

»Unsere« Haustür öffnet sich. Heraus kommt nicht meine Mutter mit blauem Stirnband, nicht mein Vater im Polohemd, sondern eine hagere dunkelhaarige Frau, die uns misstrauisch anschaut.

»Woll'n Sie zu mir?«

»Ähm. Ich hab hier mal gewohnt.«

Sie schaut ernst, nickt kurz, dreht sich wortlos um und verschwindet wieder.

»Und hier offenbar nichts mehr zu suchen«, sage ich zu Christiane.

»Lass uns weiter nach Plötz zum Röthsoll fahren«, schlägt sie vor, »da können wir uns ans Ufer setzen und schön quatschen.«

Das wird wohl das Beste sein. Wir radeln los.

Der Röthsoll ist ein kleines Gewässer, mit dem uns eine gemeinsame Geschichte aus Kindertagen verbindet: Es war Winter, und Christiane und ich unternahmen unsere ersten Versuche als Eisläuferinnen. Auf dem viel winzigeren Teich neben dem Grundstück meiner Großeltern hatten wir mit den von Opa Franz gebauten Schlittschuhen, eine Art Holzpantoffeln mit Eisenkufen, bereits etliche Runden gedreht. Ich wollte sein wie die Eisprinzessin Gaby Seyfert, die in den Sechzigern einen Meistertitel nach dem anderen holte und sogar zweimal in Folge Weltmeisterin wurde. Diese Fernseh-Übertragungen waren das Einzige, was ich als Kind nach zwanzig Uhr schauen durfte. Ich war fasziniert, und mein Berufswunsch stand fest: Ich werde Gaby Seyfert.

Dass man als Eiskunstläuferin viel proben musste, war mir klar, deshalb quengelte ich so lange, bis Oma bei frostigen Temperaturen die Eisstärke auf dem Tümpel kontrollierte und uns laufen ließ. Vom Küchenfenster aus hatte sie unsere Kunststücke im Blick. Auf den größeren Röthsoll durften wir nicht. Oma meinte, durch die Gülle, die sie aus den Schweinemastställen da hineinlaufen ließen, würde das Eis nicht mal im strengsten Winter halten. Das wollten wir prüfen, und so stahlen wir uns eines schönen Wintertages vom Hof. Christiane war das nicht so geheuer, deshalb blieb sie am Ufer stehen. Vorsichtig betrat ich mit meinen Holzschlittschuhen das glitzernde Eis. Es hielt. Na also. Triumphierend schaute ich zu Christiane hinüber, breitete die Arme aus, nahm Schwung, und für einen Moment war ich Gaby Seyfert. Ich strahlte und versuchte, meine Armfuchtelei in elegante Bewegungen zu verwandeln. Dann streckte ich das linke Bein nach hinten und glitt so über das Eis. »Siehst du!«, rief ich Christiane zu. »Wie das hält!«

Sie klatschte Beifall.

»Krrrrch!«, machte es plötzlich laut unter mir, und im gleichen Moment stand ich bis zum Bauch im Wasser. Ich riss den Kopf zu Christiane herum und blickte in ihre schreckgeweiteten Augen.

»Einen Stock, warte, ich hole einen Stock!«, rief sie und rannte los.

Sie hatte eine Astgabel gefunden, die sie mir entgegenhielt und die ich mit beiden Händen fassen konnte. Ich versuchte, mich in Richtung Ufer zu bewegen, aber meine Holzklumpen vergruben sich tiefer und tiefer im Schlamm.

»Hilfe!«, schrie Christiane. »Hilfe!«

Bauer Matuschek musste ihr Rufen von der Straße aus gehört haben, jedenfalls kam er mit dem Fahrrad, sprang ab, rannte auf das Eis, das bei jedem seiner Schritte krachte, zog mich mit einem Ruck raus, nahm mich auf den Arm und fuhr mit mir auf der Fahrradstange zum Haus meiner Großeltern. Wasser und Schlamm tropften an mir herunter. Ich hatte große Angst vor der Strafe und begann laut zu weinen. Christiane, die uns mit ihrem Rad hinterherfuhr, schluchzte ebenfalls.

Oma wurde ganz weiß im Gesicht, als Matuschek mich ihr wie einen triefenden, übel riechenden Sack überreichte, und sagte gar nichts. Sie zog mich aus und packte mich in Wolldecken. Dann zündete sie den Badewannenofen an und steckte uns beide in die heiße Wanne. Nein, sie würde es nicht den Eltern sagen. Wir hätten hoffentlich genug gelernt.

Während mir diese Geschichte durch den Kopf geht, erreichen wir mit unseren Fahrrädern das parkähnliche Anwesen. Wir biegen von der Straße ab, fahren durch die Allee, sehen das Wasser, halten an, gehen zum Ufer und kriegen beide einen Lachanfall.

»Der Röthsoll! Ha! Was is 'n das für 'ne Pfütze!«, ruft Christiane, die offensichtlich auch schon lange nicht mehr hier war. »Ich hab immer erzählt, du wärst mal fast im See ersoffen.«

Der Tümpel sieht wirklich mickrig aus. War der schon immer so klein, oder ist er um das Zehnfache geschrumpft?

»Als Kind war alles größer«, sagt Christiane.

»Weil wir kleiner waren, oder was?«

»Muss an der Wahrnehmung liegen«, antwortet sie. »Für Tante Gertrud war nicht nur alles größer, sondern sogar alles besser!« Sie lacht. »Die Kartoffeln waren dicker, die Erdbeeren süßer, die Kinder gehorsamer, und die Ehe hielt man aus!«

Wir setzen uns auf einen im Sand liegenden Baumstamm.

»Ehrlich zurückzublicken ist gar nicht so einfach«, sagt Christiane nach einiger Zeit. »Es legen sich so viele Dinge um das Erlebte, dass man gar nicht mehr genau weiß, ob es wirklich so gewesen ist. Am besten, man hält sich an die Fakten. In der DDR ist viel Ungerechtes passiert. Darüber können manche immer noch nicht reden.« Sie fährt sich mit beiden Händen durch die Haare.

»Du denkst an dein verhindertes Abitur?«

»Ja, du wirst es nicht glauben, aber noch jahrelang habe ich danach Wut gespürt, wenn ich an unserer Schule vorbeiging«, gesteht sie. »Ich konnte nicht begreifen, warum ich es nicht machen durfte. Bloß weil Mutti Ärztin war und Papa selbstständiger Elektromeister und wir damit nicht den Vorstellungen eines mustergültigen Lebens im Arbeiter-und-Bauern-Staat entsprachen? Oder gab es noch andere Gründe, von denen ich nicht weiß?« Meine Freundin stützt ihre Arme auf die Knie und schüttelt den Kopf. »Immer wieder hörte ich die schneidende Stimme unseres Direktors: ›Jetzt ist Schluss mit den Fragen nach dem Warum! Ich kann es doch auch nicht ändern! Schluss! Schluss!‹. Aber einer muss es doch entschieden haben. Wenn nicht er, wer dann?«

Christiane war mit einem Zensurendurchschnitt von 1,4 eine der Besten unserer Klasse gewesen, und darum hatte keiner von uns Schülern diese irrationale Entscheidung von »höherer Ebene« verstanden.

»Was soll's, ich bin auch glücklich geworden«, sagt sie gedankenverloren und schaut mich an. »Aber es ist viel Unschönes geschehen, das sollte man nicht vergessen. Deshalb habe ich es nicht so mit dem Romantisieren der Vergangenheit. Das ist bei kleinen Dingen doch nicht anders. Denk du nur mal an deinen ersten Kuss!«

Das Erlebnis kommt mir nach ihrer Geschichte geradezu profan vor, aber wenn man etwas sucht, das nicht dem Klischee von erster Zärtlichkeit entspricht, passt es.

Dieser Kuss schmeckte nach Zigarettenrauch und Pfefferminzlikör. Das war der Fusel, der in unserer Dorfdisco öfter als Runde ausgegeben wurde und von dem Georg aus dem Nachbarort sich wohl etliche hinter die Binde gekippt hatte. Ich war fünfzehn und zum ersten Mal in einer Disco. Georg kannte ich vom Sehen, er war drei Jahre älter. Den ganzen Abend ließ er mich nicht aus den Augen, und als ich zur Toilette in den Hof ging, stieg er mir nach. Mit Wucht packte er mich an den Schultern und drückte mich an die Wand mit dem geschnitzten Herz. Mein Kopf dröhnte. Dann steckte er mir seine Zunge in den Hals und fing an, meine Brüste zu betatschen und die Knöpfe meiner Bluse aufzureißen. Ich geriet in Panik, biss zu, stieß ihn weg und rannte zurück in den Saal. Dort zog ich Christiane von der Tanzfläche und raste mit ihr auf dem Moped nach Hause. Das Zähneputzen nützte nichts, ich roch die Pfefferminz-Rauch-Mischung immer noch.

Wir philosophierten schließlich bis in den Morgen in meinem Kinderzimmer unter dem Dach über die Liebe und das Leben, während die Puhdys aus den knarzenden Lautsprechern des Plattenspielers schrien: »Geh zu ihr und lass deinen Drachen steigen …«

»Lass mal gut sein«, bat ich Christiane, »spring rüber zum nächsten Lied!«

Nein, Erinnerungen sind nicht immer nur schön. Gut ist es, wenn man sich nicht einschüchtern lässt und sich weiter etwas traut. Das haben wir, privat und in unseren Berufen. Christiane ist trotz allem selbstbewusst ihren Weg gegangen, wenn auch in eine andere Richtung als ursprünglich erträumt.

Veränderungen geschehen schließlich nicht nur außen, auch wir selbst ändern uns. Stillstand gibt es nicht. Deshalb ist Heimat auch kein Begriff, der Vergangenheit nur konserviert oder gar idealisiert, sondern der mit uns mitwächst. Wie unsere Freundschaft. Sie hat sich verändert, ist aber immer noch da – und so reden wir weiter, bis die Sonne hinter den Buchen verschwunden ist.

Heilbutt versus Currywurst

Warum Deutschland kein einig Heimatland ist

Christiane muss arbeiten, meine Mutter hat einen Termin beim Arzt, also mache ich am nächsten Tag den Ostseeausflug allein. Wenn ich schon in der Gegend bin, will ich auch über die Dünen schauen und das Meer begrüßen, zumal wenn wie heute die Sonne scheint. Es ist wie ein Geschenk: der Blick über das Meer, der mir das Gefühl gibt, dass mein Brustkorb sich weitet, und der Wind, der alle überflüssigen Gedanken wegpustet. Nach einem ausgiebigen Strandspaziergang fühle ich mich meistens leichter, als ich gekommen bin.

Von Jarmen ist es ein Katzensprung. Nach einer knappen halben Stunde Autofahrt stehe ich heute vor der Wolgaster Brücke im Stau. Es sind nur noch ein paar hundert Meter, und wenn ich die Brücke passiert habe, bin ich schon auf der Insel Usedom.

Vermutlich sind gerade Fährzeiten. Ich kann mir nie merken, wann die Brücke für den Seeverkehr hochgezogen wird, obwohl die Zeiten auf großen Anschlagtafeln im Ort bekannt gegeben werden und sich seit Jahr und Tag nicht geändert haben. Ich habe Glück, denn nach wenigen Minuten rollen die Autos wieder. Es sind eine Menge Leute unterwegs, die kurz entschlossen ans Meer fahren, wenn das Wetter wie heute dazu einlädt. An den Autokennzeichen erkenne ich, dass sie aus aller Herren Bundesländer kommen, besonders natürlich aus dem eigenen, dazu noch aus Brandenburg und Berlin. Aber auch Sachsen und Sachsen-Anhalter nehmen die wenigen Stunden Fahrt offensichtlich gern in Kauf. Für ein paar freie Tage ist die Ostsee mit ihren breiten und langen weißen Sandstränden, den Dünen und Kiefernwäldern und einem Himmel, so weit wie nirgendwo sonst, ein idealer Ort, um sich zu erholen.

Das Urlaubsgefühl setzt mit dem Überqueren der blauen Klappbrücke ein, die mit ihren Bullaugen so niedlich aussieht wie aus einem Kinder-Baukasten. Zu beiden Seiten sehe ich den breiten Peenestrom und lausche bei offenem Fenster den Schreien der Möwen, während ich über die Brücke fahre.

Auf der Insel steuere ich Zinnowitz an. Ich fahre immer nach Zinnowitz. Wie Kohl immer an den Wolfgangsee und Claudia Schiffer immer in ihre Malle-Finca. Bloß keine Experimente. Einmal war ich in Trassenheide, einem Nachbarort, aber da schmeckte mir die Bowle im Strandcafé nicht, zu wenig Erdbeeren. In Heringsdorf fiel mir der goldkettige Schnickschnack auf der Seepromenade auf, getragen von Frauen in teuren, aber langweiligen Kleidern. Auch Ahlbeck, Zempin, Bansin, Koserow, Karlshagen oder Ückeritz sind wunderschöne Orte, bestimmt, aber ich will nach Zinnowitz.

Allein der Name. Wie gemacht für Comedians! Obwohl unsere Familie zugegebenermaßen bereits hierhergefahren ist, bevor ich auch nur irgendeinen Gedanken daran verschwendet habe, was denn aus mir mal werden soll. Der Traum von der Eiskunstläuferin ist ja frühzeitig in der Jauche ertränkt worden, und ab der Mittelstufe wollte ich Journalistin werden. Dass ich am Ende gar mehr oder weniger mit Witz mein Geld verdienen würde, darauf wäre ich nie gekommen. Wer weiß, vielleicht habe ich sogar eine spirituelle Verbindung zu diesem Städtchen, das den Hinweis auf meinen Beruf in seinem Namen trägt. Ich sollte meine Freundin Amely das mal auspendeln lassen.

Aber ohne Scherz – meine Familie schwört seit eh und je auf Zinnowitz. Tante Betty fuhr immer nach Trassenheide und Muttis Freundin Inge ausschließlich nach Zempin. So hatte jeder seins. Soll nur einer behaupten, im Einheitsstaat DDR wäre keine Individualität möglich gewesen! Von wegen. Vielleicht war das ja auch der Grund, warum sich jeder einen anderen Lieblingsort gesucht hat.

Als ich in mein Seebad einfahre, drücke ich mir selbst ein wenig die Daumen, dass ich an angestammter Stelle im Sträßchen links hinter der Fischbude unter dem Schatten der großen Kiefern einen Parkplatz finde. Wenn nicht, ist das kein gutes Zeichen, da bin ich abergläubisch. Wolken könnten plötzlich aufziehen oder die Fischsuppe im Strandrestaurant alle sein. Alles schon erlebt. Heute klappt es. Yes! Die Welt ist auf meiner Seite, so kann der Tag seinen Lauf nehmen.

Mit einem beschwingten Gefühl schlendere ich auf dem kleinen Boulevard die paar hundert Meter Richtung Seebrücke, vorbei an Cafés, Restaurants und Souvenirläden mit geschnitzten Möwen, Plastik-Leuchttürmen und Seeigeln in den sandigen Dekorationsauslagen. Ich passiere Strand-mode-Boutiquen, in die ich bei anderen Besuchen schon hin und wieder aus Langeweile hineingeschaut habe, ohne je etwas zu kaufen.

Schließlich befinde ich mich vor dem Hotelrestaurant »Preußenhof«, das mit Türmchen und Verzierungen noch von Zeiten kündet, als meerliebende Adlige aus Berlin und anderen Großstädten dieses Kleinod als Kurgäste besiedel-ten. Ihm direkt gegenüber steht das bunte Lift-Café, ein Ver-brechen moderner Architektur, das originell sein will, indem es die Gäste samt gläserner Glocke fünfundzwanzig Meter in die Höhe hebt, damit sie nicht die wenigen Meter weiter zum Meer zu gehen brauchen, sondern es aus dieser Perspek-tive betrachten können. Ich frage mich, warum es meistens nur noch die betagten Häuser sind, die Stil aufweisen? Zum Glück überwiegt entlang der Zinnowitzer Seepromenade die Bäderarchitektur aus dem neunzehnten Jahrhundert.

Auf dem Platz vor der Seebrücke sind zu beiden Sei-ten Holzbuden aufgestellt, aus denen es deftig duftet. Es ist Markttag. »Originales aus den Regionen« verheißt ein Ban-ner. Wer frische Seeluft atmen will, muss daran vorbei und den verführerischen Grill- und Bratgerüchen trotzen. Viele lassen sich davon zu einer Essenspause hinreißen, die Steh-tische vor den Buden sind gut besetzt.

Ich bin unschlüssig und beobachte ein Grüppchen Men-schen vor einem Holzkohleofen, die mit leuchtenden Augen auf knusprig gegrillte Würste warten. Thüringen liegt zwar sechshundert Kilometer von hier entfernt, aber die »Origi-nal Thüringer« ist schon lange »eingeinselt« worden. Hier konkurriert sie mit der »Echten Berliner Currywurst« an einem Stand direkt gegenüber und der »Original Krakauer« ein paar Meter weiter. Noch weiter hinten erspähe ich sogar ein blau-weißes Banner, auf dem steht: »Münchner Weißwürschtl«. Die dürfen auf einer deutschen Wurstmeile wie dieser natürlich nicht fehlen!

Selbstverständlich wird auch frischer Fisch angeboten, geräuchert, gebraten oder eingelegt, wir sind ja schließlich am Meer. Obst- und Gemüsehändler schwören auf »Gesundes zwischendurch«, und natürlich sind auch heimische Bäcker mit ihren Streuselschnecken, Quarkkuchen und Puddingteilchen dabei. Ich gehe über den Markt in Richtung Meer und bleibe standhaft, bis ich am letzten, etwas mickrigen Verkaufswagen angelangt bin. Dort holt ein alter Mann mit Schiffermütze gerade frische Heilbuttstückchen aus seinem Räucherkasten. Sie baumeln an einer Stange und verströmen einen so verlockenden Duft, dass ich kurz anhalten muss. Mmmhhhh! Eigentlich wollte ich am Strand entlanglaufen und schwimmen gehen, aber ich habe noch nicht gefrühstückt …

»Junge Fru, na? 'N großet oder 'n kleinet Stück?«, fragt der Räuchermann laut in meine Richtung. »Frischer geht et nich.«

Mir läuft das Wasser im Mund zusammen. Recht hat er. Und wer weiß, ob er in ein paar Stunden noch hier steht.

»'N schönes Mittelstück«, höre ich mich sagen, »mit Brötchen und Meerrettich, wenn Sie haben.«

»Joa, sicher!«, antwortet er und überreicht mir ein Prachtstück, das vor Fett trieft und sofort Spuren auf dem Pappteller hinterlässt.

Genauso muss es sein, denke ich, greife zu und suche nach einem Platz am nächstgelegenen Stehtisch. Ich geselle mich zu einem Mann mit Schnauzbart, der gerade in seine Currywurst beißt.

»Dann juten Appetit«, wünscht er mir und zieht ein wenig die Nase hoch. »Weeste Mädel, komm ma besser hier rüber, wa, dann kann der Wind deine Fischfahne in 'ne andere Richtung blasen!« Er versucht, mich auf die andere Seite des runden Tisches zu dirigieren.

»Sie mögen keinen Fisch?«, frage ich.

Der Berliner holt weiter aus: »Versteh dit nich falsch, wa, ick hol mir och gleich son Meerettier. Aber dit isst ma doch mittags oder abends, nich zum Frühstück!«

Ich schaue auf meine Uhr. »Ist doch gleich halb elf.«

»Erst, würd ick sagen. Erst.«

Er hebt den Zeigefinger und tunkt dann selig mit dem Brötchen in die rote Sauce mit den Zwiebeln auf seinem Pappteller, bevor er sich alles genüsslich in den Mund schiebt. Was die Duftmarken von unseren Tellern betrifft, haben wir uns beide nichts vorzuwerfen, denke ich. Opa hat auch immer gesagt: »Fisch stinkt nicht. Der lädt zum Essen ein!« Ich probiere meinen Heilbutt. Ein Genuss.

Um halb zwölf, nur eine Stunde später als jetzt, gab es bei uns zu Hause übrigens immer Mittagessen. Nicht eher und nicht später, sondern Punkt halb. Und Fisch zum Frühstück war auch keine Seltenheit. Wenn Opa Franz im Sommer kurz nach Sonnenaufgang die Reusen aus unserem kleinen Tümpel hob und mit einem Eimer voller Karauschen ins Haus kam, machte Oma Feuer im gusseisernen Ofen, legte ein ordentliches Stück Butter in die heiße Pfanne, wartete, bis es spritzte, um anschließend die handgroßen Fische von beiden Seiten zu brutzeln, bis sie sich goldgelb färbten. Kurz vor sieben, bevor es für mich in den Kindergarten oder in die

Schule ging, lagen sie auf unseren Frühstückstellern. Lecker. Und der Schwanz, kross gebraten, ist etwas für Gourmets – so schmeckte Zuhause.

Dem Berliner tropft die Currysoße auf Kinn und T-Shirt, hektisch greift er nach der Serviette.

»Oh nee, ick mach immer Flecke uff meen Hemd«, jammert er. »Weeß meene Frau wieder, dat ick zwischendurch jesündigt hab. So ’n Kack.«

Ich zeige auf unsere fettigen Pappteller. »Was das betrifft, wohl kein so großer Unterschied.«

»Keen Unterschied? Mädel, Fisch oder Fleisch, dit sind Welten!«

Er schaut mich verständnislos an, wahrscheinlich gibt er mir jetzt auch noch für sein Fleckenmalheur die Schuld. In einem jedenfalls hat er recht. Er, als Vertreter der Berliner Currywurst, und ich, die Fischköppin, kommen zusammen auf keinen grünen Zweig.

Ein älteres Paar stellt sich an den Nebentisch, sie mit einem Teller Weißwürste, er mit zwei Brezeln. Sie schauen zu uns herüber.

»Joa mei, schau dir das an, Hansl! Fisch und Bratwürschtl am frühen Morgen!«, kommentiert die grauhaarige Dame unser Essen.

»De hoams do koi Kultur!«, antwortet er ein bisschen zu laut.

»Wat ham wir nich?«, blitzt der Berliner auf. »Bloß, weil wir nich eure bappligen Weißwürste aus der Pelle lutschen, die nach nischt schmecken, soll’n wir keene Kultur ham?« Er holt tief Luft. »Eens will ick euch sagen, dit is och keene Bratwurst, sondern ’ne echte Berliner Currywurst, wa!«

»Ker, hömma, wat regst dich so auf? ’Ne Currywurst is

doch 'ne Bratwurst!«, mischt sich eine Blondine ein, die mit ihrem Kind vorbeischlendert, und lacht.

»Bei euch im Pott vielleicht«, kontert der Berliner, »aber bei uns is dit 'ne Brühwurst, schön jepökelt und jeräuchert, scharf und mit rohen Zwiebeln.« Er hält das Schälchen mit den gehackten Zwiebeln und der roten Soße wie zum Beweis hoch.

Die Blondine winkt ab.

Ja, hier geht es um die Wurst!

Das bayerische Graulöckchen von nebenan hat in Nullkommanix zwei von ihren Weißwürsten aus der Haut gezuzelt. Sie leckt sich die rot geschminkten Lippen. Ihr Mann flüstert ihr was ins Ohr.

»Hansl, mei, nu lass doch, wegen a Würschtl streiten mir uns net rum!«, antwortet sie deutlich vernehmbar ihrem Mann und schüttelt ihre Dauerwellenpracht.

Ich amüsiere mich. Für sich genommen hat wahrscheinlich jeder recht. Was das Thema Fisch zum Frühstück angeht, verstehen mich meine Landsmänner und -frauen hundertpro. Da bin ich mir sicher. Ich spieße genüsslich das weiße Fischfleisch mit meiner Gabel auf und beiße herzhaft in mein Brötchen.

»Nich provozieren lassen. Ick bin im Urlaub!«, besänftigt sich der Berliner selbst und tunkt sein letztes Stück Currywurst in die Soße. »Wat soll's, Bier können se ja machen, die Seppelhosen. 'N schönet Weißbier, dat jenehmige ick mir jetze.«

Darauf nickt der bayerische Hansl dem Berliner zu, aber seine Frau schüttelt energisch den Kopf. »No, mir gehens erst amoi zum Strand, Bärli!«

Der Berliner grinst den Bayern an, wischt sich zufrieden

mit der Serviette über den Mund und zählt das Kleingeld in seinem Portemonnaie. Während er kräftig ausatmet, weht mir seine Zwiebelfahne direkt ins Gesicht. Oh nee. Und das am frühen Morgen! Andere Bundesländer – andere Würste. Oder eben Fisch. Deutschland, uneinig Vaterland!

Nachdem ich aufgegessen habe, gehe ich hinunter zum Strand, ziehe meine Sandalen aus und stapfe mit bloßen Füßen über den feinen, sehr warmen Sand zum Wasser. Ich erschrecke, wie kalt sich fünfzehn Grad Wassertemperatur anfühlen. Für einen Moment piekst es unter meinen Fußsohlen wie tausend Stecknadeln.

Ich laufe am Wasser entlang und halte mein Gesicht der Sonne entgegen. Die lässt das Meer glitzern, als wäre es mit Lametta bestreut. Meine Füße hinterlassen Abdrücke im nassen Sand, bis die nächste Welle kommt und die Spuren auslöscht. Bald fühle ich nur noch Meer und Strand. Der frische Wind spielt mit meinem Haar.

Ich bin mir sicher: Bei allen unterschiedlichen Geschmäckern, Dialekten und regionalen Besonderheiten – darüber, wie schön es hier ist, sind wir uns bestimmt einig: der Berliner, die Blondine aus dem Ruhrpott, das bayerische Pärchen und ich.

Die glückliche Legende von Paul und Paula

Was man braucht, um überall zu Hause zu sein

Kaum zurück im Rheinland, bin ich schon wieder mit dem Tourneetheater unterwegs. Nach dem schönen Gastspiel gestern Abend in Kiel werde ich nicht gleich zurück nach Köln fahren. Stattdessen führt mich mein Weg noch etwas weiter nördlich an die Schlei. Nicht etwa, um die Idylle der Ostsee in Deutschlands Westen mit meiner im Osten zu vergleichen, sondern um Paula zu treffen. Sie ist die Mutter von Christophs Frau Nicole, die mich dringlich bat, ihr ein Paket zu überreichen. Ich würde ihr damit einen Riesengefallen tun, und von Kiel sei es ja nicht mehr weit. Dann will ich mal ein guter Mensch sein und fahre nach meinem Hotelfrühstück los.

Das Ganze ist ungewöhnlicher, als es sich zunächst anhört. Paula ist postalisch nämlich nicht zu erreichen. Sie hat ihren Heimatort Stuttgart verlassen, um mit einem Wohnwagen und ihrem Hund Paul durch Europa zu reisen. Seit drei Jahren ist sie bereits unterwegs. Nie campiert sie angemeldet auf einem der üblichen Zeltplätze, sondern immer wild, versteckt im Wald oder zwischen Feldern. Heute hier, morgen da. Ist Paula heimatlos, flüchtet sie vor irgendetwas?

Die einzige Möglichkeit, sie zu orten, sei, laut Nicole, ein Handy, das diese ihr vor zwei Jahren geschenkt hat, damit sie in Notfällen erreichbar ist. Aber sie telefoniere nicht besonders gern. Über Paulas derzeitigen Standort haben sie sich dennoch verständigt und mir eine Beschreibung gegeben, wie ich sie finden kann: »Ähm ab da, wo du auf der Landstraße zwischen Kappeln und Lindaunis die zwei Windräder am Horizont siehst, nimm den zweiten Weg hinter dem Waldstück, und fahr so lange durch die Rapsfelder, bis er den dritten Weg kreuzt, dann nach rechts. Da müsste sie stehen. Ganz easy.«

Während ich auf der Landstraße Richtung Kappeln unterwegs bin, frage ich mich, ob ich diese Frau wirklich finden werde. Soeben habe ich schon das kleine Örtchen Eckernförde passiert, jetzt sind es noch ungefähr zwanzig Kilometer.

Die Landschaft ist ruhig und ebenmäßig, die Straße geht schnurgeradeaus. Meine Gedanken schweifen ab. Könnte ich mir so ein Vagabundenleben vorstellen? Ich bin zwar durch meinen Beruf auch viel unterwegs, aber es ist doch immer wieder schön zu wissen, dass ich nach Hause kommen kann. Weiß man, wohin man gehört, wenn man so lebt wie Paula?

Heimatlosigkeit stelle ich mir furchtbar vor, wie ein Dasein in einer Welt ohne Schutz und Halt. Wenn man wie ich schon nach dem Wegzug der Freunde und dem Flüggewerden des Kindes aus der Bahn gerät, wie muss es dann erst

Menschen gehen, die eine unvergleichbar schwerere Last mit sich tragen, weil sie zum Beispiel wegen eines Krieges ihre Heimat verlassen und in einem anderen Land um Asyl bitten oder über längere Zeit ins Exil gehen müssen? Dort treffen sie oft auf eine ihnen völlig fremde Welt, mit einer fremden Kultur, einer fremden Sprache, die sie erst lernen müssen.

Jetzt bin ich abgekommen. Nicht vom Thema, dass so viele Facetten hat, sondern vom beschriebenen Weg. Mein Honda Jazz rumpelt seit über einer halben Stunde auf grün bewachsenen Feldwegen. Aber kein Wohnwagen ist weit und breit zu sehen. Dafür ein Schlagloch direkt vor mir. Zu spät. Rumms macht die Kiste. Hoffentlich ist der Auspuff noch dran. Ich halte an und steige aus. Mein Auto scheint okay. Aber wo bin ich? Vielleicht schon in Dänemark? Ich hole den Zettel mit der Beschreibung heraus und lese noch mal ganz genau. Hier irgendwo müsste Paula doch stehen.

»Steht sie aber nicht!« Ich knülle den Zettel zusammen und nehme alle Kraft, um ihn weit wegzuwerfen. Ein Windstoß lässt ihn direkt wieder vor meinen Füßen landen.

Wie konnte ich mich nur auf so eine Indianer-Beschreibung einlassen? Um jetzt noch weiter nach einem Wohnwagen zu suchen, habe ich einfach keine Nerven mehr.

Ich bücke mich nach dem Zettel und wähle die Telefonnummer, die Nicole mir aufgeschrieben hat. Kein Empfang. »Das darf doch nicht wahr sein!«, schreie ich. »Paul und Paula gibt's hier nicht. Wollt ihr mich alle verarschen?«

Was tue ich hier? Diese Geschichte kam mir von Anfang an komisch vor. Von wegen: »... fahr so lange durch die Rapsfelder, bis er den dritten Weg kreuzt, dann nach rechts ...« Sind wir nicht im Zeitalter von GPS? Was, wenn

Paula schon lange abgereist ist? Und jetzt auch noch dieses Funkloch. Ich gebe einen Urschrei von mir. »Ahhhhh!« Was raus muss, muss raus. Dann stapfe ich mit festem Schritt am Feld entlang und boxe dabei in die Luft. Das entspannt.

Ich erinnere mich an einen Dreh vor ein paar Jahren genau hier in dieser Gegend für eine Episode von *Der Landarzt*, einer ZDF-Vorabendserie, die so ähnlich begann: Inmitten blühender Rapsfelder, die damals in einem umwerfenden Gelb leuchteten, sollte ich aus dem Auto steigen, damit die Kamera schöne Bilder einfangen konnte, gymnastische Übungen als Erholung von der langen Fahrt machen und dann schlecht gelaunt meinen Ehemann vollnölen. Schade, dass meine bessere Filmhälfte nun nicht da ist. Die Szene bräuchte ich nicht zu proben, wir könnten es gleich noch mal drehen.

Nur dem Raps fehlt heute die Filmreife. Er ist braun, die dunklen Schoten stehen wie übrig gebliebene Nadeln an einer ausgefransten Weihnachtstanne ab und warten auf ihre Weiterverarbeitung zu Öl. Bis zu seiner Ernte wird es nicht mehr lange dauern, es ist ja schon Ende Juni. Regen und Wind haben bereits große Teile des Feldes zu Boden gedrückt. Ich überlege, was ich sonst mit diesem grauen Sommertag an der Schlei anfangen könnte. Zum Meer fahren, klar. Oder auf die andere Seite zur Insel Sylt? Da war ich noch nie. Vielleicht sitzt Paula da im Restaurant »Sansibar« und lässt sich von einem einsamen Mann auf Betriebsreise einen Cocktail spendieren?

»Paul!«, unterbricht der ferne Ruf einer Frauenstimme meine Gedanken.

Ich drehe mich um und sehe einen großen braunen Hund auf mich zulaufen; im Abstand von etwa fünfzig Metern folgt ihm eine rothaarige Frau, die in ein wallendes Gewand gehüllt ist.

»Paul, zurück! Zurück, Paul!« Der Hund hält inne und wartet tatsächlich auf sein Frauchen. »Keine Angst!«, beruhigt sie mich beim Näherkommen.

»Sind Sie etwa Paula?«, frage ich ungläubig.

Sie nickt. »Und Sie Petra? Ich warte schon auf Sie.«

Mit einem freundlichen Lächeln reicht sie mir die Hand. Jetzt fühlt Hund Paul sich berechtigt, mich schnuppernd abzuchecken. Er leckt an meinen Händen und umkreist mich zweimal.

»Wir duzen uns, oder?«, schlägt sie vor.

Ich nicke und betrachte sie. Nicole hat auf den ersten Blick überhaupt keine Ähnlichkeit mit ihr, nicht von der Art und auch nicht von den Gesichtszügen. Seltsam.

Paula hält ihr Handy hoch. »Meine Tochter hat mir deine Nummer gegeben, aber hier ist mal wieder kein Empfang. Darum bin ich los, um dich zu suchen. Wollen wir zu meiner Villa oder noch ein bisschen spazieren?«

»Und das Paket?«, erinnere ich und deute auf mein Auto, von dem nur noch eine Dachecke zu sehen ist.

Paula winkt ab. »Kann doch noch warten, oder willst du gleich weiter?«

Eigentlich ja, aber ein bisschen runterkommen, die Füße vertreten und frische Luft atmen wäre besser. »Gut, dann laufen wir eine Runde«, willige ich ein.

Ich bin etwas durcheinander. Nicht, weil wir uns nun doch getroffen haben, sondern wegen dieser Frau. Sie ist vielleicht Ende sechzig und von fragiler Statur, steht fest auf beiden Beinen und lächelt mich selbstbewusst an. Nein, so habe ich sie mir nicht vorgestellt. Paula trägt ein wadenlanges Kleid aus heller Baumwolle mit auffallendem orangenem Blütendruck. Eine Stoffblüte von ähnlicher Farbe klemmt in ihrem hennaroten hochgesteckten Haar. Die nackten Arme, ihr Gesicht, alles ist sonnengebräunt, ja fast schon verbrannt. Sie hat volle, geschwungene Lippen – als junge Frau muss sie umwerfend schön gewesen sein. In ihrem Aufzug erinnert sie mich an Hippie-Frauen, wie man sie bei Strandurlauben im Süden manchmal trifft. Sich verstecken sieht auf alle Fälle anders aus.

»Ich mag dein Kleid«, sage ich, nachdem wir eine Weile schweigend nebeneinander hergelaufen sind.

Paula nickt. »Ich auch. Ist von einem Flohmarkt in Saarbrücken, letztes Jahr auf dem Weg an die Côte d'Azur. Zwei Euro.«

Ich frage sie, wie das ist, im Wohnwagen zu leben und durch die Welt zu fahren, mal hier, mal da Station zu machen und eigentlich immer auf der Durchreise zu sein.

»Das lässt sich nicht so einfach sagen«, beginnt sie, »da muss ich ausholen.«

Sie beginnt, mir ihr Leben zu erzählen. Während sie redet, gestikuliert sie mit beiden Händen, bleibt manchmal stehen, überlegt, spricht dann weiter, schaut sich oft nach Paul um, der in der Erde schnüffelt, uns dann aber wieder brav folgt oder neugierig vorausläuft.

»Weißt du, ich bin wohl eine, die immer und überall aneckt. Du sagst, du findest das Kleid gut. Meiner Tochter und vielen anderen bin ich aber ohne Ende peinlich. Meine Kleider, meine Haare, mein Denken. Alles.

Es gibt immer Zoff, wenn Nicole und ich uns sehen. Nach einer halben Stunde sind wir meistens so in einen Streit verwickelt, dass sie mich anfaucht. Ich habe mir schon vor Jahren ange-

wöhnt, ganz still zu sein, einfach nichts mehr zu sagen. Aber das kommt auch nicht gut an. Wahrscheinlich reicht schon meine Anwesenheit. Damit das nicht mehr passiert, nehme ich das Telefon nur noch selten ab, wenn sie anruft. Darunter leide ich und Nicole bestimmt auch.

Aber am meisten tut es mir um meinen kleinen Enkel Tim leid, der mich nur von wenigen Begegnungen und über die Geschenke kennt, die ihm Nicole hoffentlich weiterreicht. Ich möchte einfach keinen Streit mehr. Vielleicht wird sie mich später mal verstehen und erkennen, was für ein Mensch ich war. Weißt du, nach meinem Tod.

Ich glaube, mich hat nie einer richtig verstanden. Vielleicht ist das so mit abgelehnten Kindern. Meine Mutter wollte mich nicht. Das ist das Einzige, was ich von ihr weiß.

›Nicht mal die Abtreibung hat sie hingekriegt‹, hat Oma, bei der ich aufwuchs, einmal gesagt, als sie sehr wütend auf mich war. Mit meinem Trotz wurde auch sie irgendwann nicht mehr fertig und gab mich ins Heim. Da war ich acht. Ein Heim ist kein richtiges Zuhause, weißt du. Da musst du vor allem eins: funktionieren und parieren. Sonst wirst du bestraft.

Wo sollte ich nun mit meinen ganzen Sehnsüchten und Ängsten hin? Ich habe mir meine eigene Welt geschaffen, habe viel geschrieben und gemalt. Das hat mich gerettet, glaube ich. Deshalb tue ich es bis heute. Manche können mit meinen Bildern was anfangen und finden sie richtig gut, für andere ist es nur Geschmiere. Geld habe ich damit nie verdient.

Als junge Frau bin ich mit meinem Eigensinn überall angeeckt. Besonders im Job. Nirgendwo wurde ich lange geduldet. Weißt du, sobald ich in eine Form gesteckt werde, die mir nicht passt, meldet sich etwas in mir, ich raste aus und bin unleidlich. Das ist für mich selbst auch schwer.

Ich habe Verkäuferin gelernt und sollte dann piefige Damenmode verkaufen. Eigentlich habe ich Sinn für Mode. Aber richtige Mode, weißt du. Von manchen unvorteilhaften Kleidern habe ich den Kundinnen regelrecht abgeraten, was dem Abteilungsleiter natürlich gar nicht gefiel. Ich sollte mir ein Beispiel an meiner Kollegin Rita nehmen. Die konnte jede noch so hässliche Bluse anpreisen, und egal, wie furchtbar die Kundin damit aussah, fand sie es ›einen Traum‹. Die verkaufte gut, ich nicht, also wurde ich irgendwann rausgeschmissen. So erging es mir überall: an der Käsetheke, im Schreibwarengeschäft, bei der Reinigung. Ich kann mich nicht unterordnen. In der normalen Alltagswelt fühle ich mich nicht zu Hause. Da ist kein Platz für mich, weißt du. Ich bin zu schräg.

Durch einen Zufall bin ich eines Tages als Aushilfe in einem Jugendzentrum gelandet und habe nachmittags Kinder betreut. Die galten als sozial schwierig, aber ich fand die überhaupt nicht schwierig. Die haben mich geliebt, und ich sie auch. Als dann nach anderthalb Jahren die Frau, die ich vertreten hatte, aus der Elternzeit zurückkam, habe ich um diese Stelle gekämpft wie eine Löwin. Hat aber nichts genützt. Der Chef wollte seine qualifizierte Fachkraft wieder, nicht mich. Ich brächte zu viel durcheinander im System, hat er gesagt. Die Abschiedsgeschenke der Kinder habe ich immer noch.

Danach bin ich in ein tiefes Loch gestürzt. Ich dachte, um da wieder rauszukommen, brauche ich unbedingt ein eigenes Kind. Ich war schon Anfang vierzig, hatte keinen festen Partner, aber an Männern, die mich umschwirrten, war kein Mangel. Ich war eine begehrte Frau, weißt du. Aber nur für die Lust, für das Leben suchten sie sich lieber so eine ordentliche, nette kleine Maus. Das war ich ja nie. Kurz nach der Verliebtheitsphase hatte ich jedes Mal das Gefühl, nun haben sie deine wilde Art genossen, jetzt wollen sie dich hinbiegen für ihre Zwecke. Aber unter Druck läuft bei mir gar nichts, und einem Mann zu dienen, dafür bin ich mir zu schade. Also blieb ich mit Nicole allein.

Ich wollte für sie alles besser machen, ihr die Erfahrungen, die ich in meiner kaputten Familie machen musste, ersparen, aber irgendwie habe ich das nicht hingekriegt. Das ist etwas, was in meinem Leben wirklich schiefgelaufen ist.

Als Nicole in die achte Klasse kam, fing ich mit dem Verkauf auf Flohmärkten an. Erst als Aushilfe, dann habe ich gemerkt, dass das genau mein Ding ist, und habe einen eigenen Stand aufgemacht. Nicole mochte das nicht. Ich glaube, sie schämte sich für mich, weil ich mit meinen bunten, ungewöhnlichen Sachen immer wie ein verrücktes Huhn rumlief und zu viel unterwegs war. Sie wünschte sich ein harmonisches Leben in einer normalen Familie, wie es ihre Freundinnen hatten. Das konnte ich ihr nicht bieten. Das bin ich nicht, weißt du. Aber ich habe bis zu ihrer Selbstständigkeit für sie gesorgt. Und ich liebe sie. Auf meine Art, klar, wie sonst. Vielleicht sollte ich ihr das mal sagen?

Richtige Trödler sind Vagabunden. Ich fühlte mich wie die Königin unter ihnen. Ich habe es genossen, von Stadt zu Stadt zu ziehen. Das hört sich vielleicht absurd an, aber seitdem ist mein Gefühl von Heimatlosigkeit wie weggefegt. Das war mein Ding, dieses Marktschreierische hinterm Klapptisch. Heute hier, morgen da. Und nur mir selbst verpflichtet sein. Endlich hat mir keiner reingeredet, das hat mir gefallen. Je lauter und greller ich drauf war, umso besser lief das Geschäft. Die Leute mochten meine direkte Art, sie dachten wohl, ich spiele Theater, dabei fühlte ich mich ganz bei mir.

Als Nicole mit achtzehn von zu Hause auszog, habe ich mir einen eigenen Wohnwagen zugelegt und bin durch ganz Deutschland gezogen, um zu trödeln. Da habe ich Sigi kennengelernt. Irgendwie war er mir sehr ähnlich. Oh, dachte ich, doch noch eine späte Liebe, aber er war mir leider nicht treu. Mit ihm habe ich die schönsten Plätze entdeckt, auch den hier.

Von da an schlief ich meistens im Wagen, selbst wenn ich in meiner sogenannten Heimatstadt Stuttgart war. Meine Mietwohnung dort war eigentlich nur noch ein Trödellager.

Mit fast siebzig habe ich die Trödelei aufgegeben und am gleichen Tag auch die Wohnung in Stuttgart gekündigt. Es war mir zu anstrengend geworden, die Sachen zu besorgen und hin und her zu schleppen. Irgendwie hatte ich mittlerweile das Gefühl, dass auf den Märkten ein Tag immer mehr dem anderen glich. Ich brauchte das alles nicht mehr, weißt du. Diese Phase war vorbei. Deshalb wollte ich herausfinden, was ich wirklich zum Leben brauche. Man schleppt immer viel mit sich herum, und vielleicht versteckt man sich auch hinter seinem Besitz. Ich fragte mich, ob ich auch anders leben kann.

Und ja, das geht! Was brauche ich denn schon? Paul, ein Bett, ein bisschen was zu essen, aber vor allem Freiheit. Ein paar kleine Erinnerungen habe ich auf meinen Reisen immer bei mir, aber große Güter muss ich nicht besitzen, die machen mich nicht glücklich.

Mein Wohnwagen und Paul sind seit drei Jahren mein Zuhause. Jeden Tag mache ich mich so hübsch zurecht wie heute. Das bin ich mir schuldig, weißt du. Ich will mich nicht gehenlassen, bloß weil mir jetzt nicht mehr hunderte Menschen über den Weg laufen. Gerade male ich viel und schreibe mein Leben auf. Jeden Tag ein paar Gedanken.

Orte waren noch nie eine Heimat für mich. Selbst Menschen nicht. Nun ja, Nicole und mein kleiner Enkel, der Tim. Aber wie gesagt, wir machen es uns gegenseitig schwer. Ich glaube, ich habe Angst vor Verbindlichkeiten. Das habe ich wohl nie gelernt. Ich kann gut allein sein. Das macht mir keine Angst, im Gegenteil, ich fühle mich eins mit mir. Stundenlange Spaziergänge erfüllen mich, ich lebe mit der Natur. Ich kann auch jeden Tag den gleichen Weg gehen und entdecke immer etwas Neues.

Wenn es mir an einem Stellplatz langweilig wird oder es Ärger mit den Bauern gibt, ziehe ich weiter. Und wenn die Kälte kommt, reise ich hinunter in den Süden, nach Spanien oder Portugal. Italien ist auch schön. Will ich Kontakt zu Menschen haben, mache ich mich fein, fahre in die Stadt und gehe in eine Gaststätte oder in eine Bar. Ich bin jetzt dreiundsiebzig, aber wenn ich will, treffe ich immer Menschen, mit denen ich reden kann.

Dann höre ich mir deren Geschichten an und denke: Oje, die stehen vielleicht unter Druck! Die sind schlecht dran. Sind die denn glücklich, bloß weil sie mit einem zusammenwohnen, den sie aber gar nicht richtig lieben, in einem Haus, das sie noch nicht bezahlt haben, und eine Arbeit machen, die sie nicht wirklich interessiert? Ehrlich, ich denke dann immer, wie gut, dass ich das alles nicht an der Backe habe. Dieses bürgerliche Leben brauche ich nicht. Ich will doch keine genormte Banane sein!

So, wie ich lebe, fühle ich mich weder einsam noch allein. Ich habe Paul, die Natur und mich. Seit ich umherziehe, bin ich so ruhig geworden. Wieder in diesem Betonblock in Stuttgart zu leben, ist ein furchtbarer Gedanke. Nicole meint aber, es wäre dort besser für mich, und will meine Rente einbehalten lassen, wenn ich mich nicht füge. Warum sagt sie so was? Ich bin doch keine, die man gegen ihren Willen einsperren muss.

Ich bin immer bei mir selbst zu Hause. Da ist es egal, wo ich meine ›Villa‹ aufstelle. Mir kann nichts passieren. Und der Tod kann in Stuttgart oder hier auf dem Feld kommen.«

Wir bleiben stehen, schauen über die Weite der Felder und schweigen. Paulas Geschichte hat mich in ihren Bann gezogen. Nach einer Weile durchbricht sie die Stille. »Soll ich dir mal meine ›Villa‹ zeigen?«

Wir gehen zu ihrem blau-weißen Wohnwagen, einem in die Jahre gekommenen Wilk-Safari-Mobil, das an einem Ford Focus hängt. Der Wagen parkt gut versteckt hinter Sträuchern. So hätte ich sie wirklich nicht gefunden.

Paula hat Hunger bekommen, und ich auch. Während sie draußen den kleinen Tisch deckt, gehe ich zu meinem Auto, um das Paket und die Tasche mit meinem Proviant zu holen. Paula freut sich über den ausrangierten Laptop von Nicole. Dann essen wir den Kuchen, den ich heute früh noch gekauft habe. Sie schafft nicht mal ein Stück.

»Ich brauche wirklich nicht viel«, betont sie, fragt aber, ob ich vielleicht noch »Hasenbrote« in der Tasche hätte.

»Salamibrote mit Käse aus Köln kann ich dir anbieten, aber das ist schon einen Tag alt«, sage ich, während ich es aus einer Tüte krame. »Aus Köln«, wiederholt sie. »Köln kenne ich. Da war ich öfter zum Trödeln an der Niehler Pferderennbahn und hab dann ein paar Tage am Rhein gewohnt. Ist schön da.«

Ich halte noch immer die in Alupapier eingepackten Brote in der Hand. »Möchtest du sie haben?«

»Ja, gern. Weißt du, ›Hasenbrote‹ erinnern mich an eine ältere Freundin aus dem Heim«, erzählt Paula. »Die hat mir oft Pausenbrote geschmiert, und weil es mir auf dem Schulhof immer zu hektisch war, habe ich die aufgehoben und am Nachmittag unter einem Baum hinter dem Heim gegessen. Wenn die einen Tag alt sind, schmecken sie besonders gut.«

Wir sitzen noch eine Weile auf den Klappstühlen vor ihrer blau-weißen »Villa«.

»Ich bin erschöpft«, sagt sie nach einer Weile und gähnt. »So gut habe ich mich seit Monaten nicht unterhalten. Und so viel erzählt auch nicht.«

Paula steht auf, bittet mich aber sitzen zu bleiben. Ihr Wohnbereich sei ihr zu intim, den möchte sie mir nicht zeigen. Sie kommt mit einem kleinen Gemälde heraus. Ich sehe schreiendes Rot auf gelb-grünem Grund.

»Mohn?«, frage ich, zögere dann. »Nein, du bist das, unterwegs!«

»Hm. Das ist für dich. Du verstehst mich.« Außerdem reicht sie mir ein in Stoff eingewickeltes Päckchen. »Und das ist für Nicole und Tim.«

»Brauchst du vielleicht sonst noch etwas?«, frage ich sie.

Sie schüttelt den Kopf. Dann überlegt sie. »Wenn du jemanden kennst, der ein altes Handy übrig hat, dann würde ich mich freuen. Meins hat öfter Aussetzer, und ich habe Angst, dass es bald den Geist aufgibt.«

»Gut. Dann werden wir uns ja wiedersehen. Oder Nicole bringt es vorbei.«

»Wer weiß.« Paula möchte ein Nickerchen halten. Sie hat sich eine Decke umgelegt und bleibt beim Abschied sitzen. Paul hat seinen Kopf auf ihren Schoß gelegt. Sie krault ihn hinter den Ohren. Müde und zufrieden schauen mir die beiden Vagabunden nach.

Ich bin ganz erfüllt von Paulas Offenheit, und es schmerzt mich ein wenig, sie nach dieser Begegnung zwischen den Feldern zurückzulassen, obwohl ich weiß, dass es genau das ist, was sie will. Mich wundert, dass ich erst durch diese Aktion von der schwierigen Beziehung Nicoles zu ihrer Mutter erfahre. Da kennt man sich seit gut zwei Jahren, redet über dieses und jenes, glaubt sich zu kennen, und dann erfährt man doch noch eine völlig neue Geschichte.

Auf der Rückfahrt mache ich in Hamburg Station, setze mich in ein Restaurant und lasse die ungewöhnliche Begegnung nachwirken. Ich überlege schon, wann ich Paula das Handy bringen kann.

Plötzlich verspüre auch ich eine große Müdigkeit und beschließe, zu bleiben und mir ein Hotel zu suchen.

Wie hat Udo Lindenberg einmal gesungen: »Wo ich meinen Hut hinhäng, da ist mein Zuhause.« Ich weiß nicht, ob das eine passende Lebensform für mich wäre. Selbst Udo Lindenberg hat diesen Grundsatz, wenn überhaupt, nur im Geiste gelebt, praktisch aber über Jahre in ein und derselben Suite im Hamburger Hotel Atlantic gewohnt. Nur zur Renovierung hat er sie kurz verlassen. Paula ist da konsequenter. Obwohl es in ihrem Fall ja lauten müsste: Wo ich meinen Wohnwagen abstelle, da ist mein Zuhause.

Paula trägt ihre Heimat in sich. Wenn ich das auch könnte, wäre mir mein festes Heim im Bergischen nach den Auszügen vielleicht nicht so leer vorgekommen, oder doch?

Drehen Sie hier 'nen Film?!

Warum die Arbeitswelt auch Heimat sein kann

 Mir gefällt, dass Paula ihre Welt beständig in sich trägt. Meine erfahre ich oft als sehr vergänglich – doch dem kann auch etwas sehr Besonderes anhaften: Im Juli tauche ich für acht Wochen in eine solche Welt. Wir drehen neue Folgen für *Switch reloaded*. In dieser Zeit ist unser Filmset meine Heimat.

Hier herrschen eigene Regeln. Sogar das Wetter machen wir uns so, wie es der seit Wochen feststehende Produktionsplan für den Dreh vorsieht. Ist der Tag wolkenverhangen, aber Sonne erwünscht, lässt Oberbeleuchter Christian die Lichtsegel spannen. Soll es regnen, kommt die Regenmaschine zum Einsatz.

Klar arbeiten wir, wenn der Zufall es will, auch gern im Einklang mit der Natur. Wie an dem sonnigen Tag, als wir als semmelblonde Schwedenfamilie die Lindström-Parodie drehen und im Saab Cabrio durch die herrlich »nordische« Landschaft – gefilmt bei Aachen! – brausen. Wettertechnisch stimmt alles. Drehtechnisch verlängern die Kranfahrt für die Kamera und ein Tonproblem diesen Tag um etliche Stunden.

»Man kann eben nicht alles haben«, findet unser Produktionsleiter Georg, der solche Tage lange vorher mit dem Regisseur und den anderen Abteilungen plant. Während es an den nächsten Außendrehtagen für einen Sommermonat ungewöhnlich kalt ist, steckt er unser Team am darauffolgenden heißen Tag für zehn Stunden ins dunkle Studio, weil unter anderem meine Elke-Heidenreich- und Apps-Night-Parodien anstehen.

Für Schauspielkollege Mike wird die in den kommenden Tagen ins Studio wabernde Hitze erst erträglich, als ihm Maskenbildnerin Silvie eine Schüssel mit eiskaltem Wasser für seine Füße ins Studio stellt. Das tut sie nicht ganz uneigennützig, denn so glänzt Mikes Haut nicht mehr wie eine geduschte Orange, und der Kleber an der Perücke hält endlich auch an den kritischen Ecken. Zum Schreien komisch sieht das aus, wie er in seiner Rolle als Nachrichtensprecher mit nackten Beinen in der Wasserschüssel steckt. Ich kann mir kaum das Lachen verkneifen, während ich als Außenreporterin neben ihm in der Green-Box stehe.

»Nimm mal die Totale, vielleicht ein guter Outtake«, empfiehlt unser Regisseur dem Kameramann, der dafür den ohnehin aufgebauten Dolly mit dem Grip nutzen kann. Was das für seltsame Begriffe sind? Jede Heimat hat eben ihre sprachlichen Besonderheiten, so auch unsere. Wer die alle beherrscht, gehört schon fast dazu.

»Totale« meint eine Gesamtbildaufnahme von Mike samt Set, den die Kamera, befestigt auf einem Kran, also dem Grip, aufnimmt, der in dieser Einstellung auf einem Schienengerüst, das wir Dolly nennen, um ihn herumfährt. Green-Box bedeutet schlicht und einfach, dass die Wände und der Fußboden des Studios grün angestrichen sind. So kann uns Johannes von der Grafik später beim Nachbearbeiten vor einen anderen Hintergrund bringen, was in unserer Sprache »stanzen« heißt. Für den Zuschauer sieht das dann so aus, als ob Mike als Ulrich Deppendorf im ARD-Nachrichtenstudio steht und mich als Reporterin Helga Lagerlöf per Live-Schaltung aus einem entfernten Katastrophengebiet interviewt. So basteln Filmleute Illusionen.

»Das mit der Totalen steht aber nicht in der Dispo«, mischt sich Aufnahmeleiter Stephan ein, macht ein strenges Gesicht und tippt auf seine Armbanduhr. Er ist für das Einhalten des straffen Zeitplans verantwortlich, und dieser Take, wie man eine einzelne Einstellung nennt, ist im Sketch nicht vorgesehen. Man könnte ihn lediglich beim Abspann unserer Sendung zeigen, zusammen mit anderen lustigen unvorhergesehenen Situationen wie Versprechern, Missgeschicken oder Lachanfällen – als sogenannten Outtake.

Solche Drehmomente lieben die Zuschauer, weil sie zeigen, dass wir nicht unfehlbar sind und Ausrutscher dazugehören. Manchmal sind sie sogar witziger als der Sketch selbst. Ausnahmsweise drückt Stephan heute ein Auge zu und lässt uns die Aufnahme mit Mike und seinem kühlen Fußbad machen.

Der bei *Switch* wohl bekannteste Outtake passierte beim Dreh einer Persiflage auf die amerikanische Serie *Einsatz in Manhattan*, die wir ebenfalls in der Green-Box filmten.

Schauspielkollege Peter sollte als Kojak aus dem Auto steigen, aus der Luft einen weißen Plüschhasen abschießen, Hut und Pistole auf dem Dach des Wagens ablegen, den Hasen auffangen und mit reichlich Pathos in der Stimme zu Mike als Detective Stavros sagen: »Hab ich für dich geschossen, Stavros.« Dann musste er ihm den Hasen über das Autodach zuwerfen, Hut und Pistole nehmen und sich wieder setzen. So weit die Handlung.

Was der Zuschauer ausschließlich im Outtake sieht, ist, dass die zwei Darsteller von zwei Hockern starten, die ganz dicht neben dem Auto stehen. Regisseur Christoph amüsierte sich: »Erinnert mich irgendwie an Campingurlaub.«

Beim ersten Mitschnitt vergaß Peter die Pistole auf dem Dach. »Das ist so, wenn man's eilig hat, da lässt man schon mal was liegen«, kommentierte er gut gelaunt. Beim zweiten Versuch konnte er den Plüschhasen nicht fangen, beim dritten dachte er nicht an seinen Hut, beim vierten musste Mike lachen und beim fünften Take Peter, woraufhin Mike abwinkte. »Ich hab nichts gemacht.«

»Ich hab aber gedacht, du *würdest* jetzt was machen.«

Kaum guckten die Köpfe der beiden über das Autodach, kicherte einer. »Ich kann nicht mehr«, sagte Mike irgendwann und lachte nur noch. Ab jetzt passierte ein Missgeschick nach dem anderen. Das ganze Studio bog sich vor Lachen, und Peter hielt sich schließlich die Knarre an den Kopf.

Ernsthaft Blödsinn zu fabrizieren kann wirklich komisch sein – und sehr anstrengend. Der eigentliche Sketch dauert keine dreißig Sekunden, das Outtake fast acht Minuten, der Dreh nahm uns dagegen etliche Stunden in Anspruch.

So lustig geht es bei uns immer zu. Denkt man. Wäre wahrscheinlich auch so, wenn es nicht das straffe Tagesprogramm gäbe, das sich Redaktion und Produktionsleitung für uns ausgedacht haben. Das zu schaffen ist harte Arbeit. Alles muss stimmen. Maske, Kostüm und Requisite genauso wie Kamera, Licht, Ton – und die Bratkartoffeln. Ja, auch ein gutes Catering ist wichtig, sonst gibt's Meuterei – wie auf der Bounty. Wir sitzen schließlich alle in einer Location, so nennen wir den Drehort, und jeder ist auf jeden angewiesen.

Wir Darsteller sind natürlich immer wahnsinnig gut drauf. Erwartet man. Aber wir sind auch nur Menschen. Eines stimmt allerdings. Jeder von uns dreht für seine Rolle seinen Energiepegel ganz nach oben. Denn natürlich wollen wir die besten und originellsten Parodien produzieren. Damit das gelingt, müssen viele Dinge optimal aufeinander abgestimmt sein. Dieses spezielle Miteinander schweißt zusammen und macht vielleicht das Besondere unserer Arbeit aus. Die Intensität kann man spüren.

Daran muss ich denken, als ich als Frauke Ludowig in der Kulisse einer eigens dafür angemieteten, sehr schicken Wohnung in Köln-Mülheim stehe. Ich habe das Gefühl, dass die Luft vor Anspannung knistert. Hank vom Ton hat seine Kopfhörer aufgesetzt und konzentriert sich mit starrem Blick auf die Messpegel der Frequenzen, Kameramann Frank sitzt vornübergebeugt und blickt durch die Linse seines Objektivs, Sebastian steht still daneben und hält das Kabel, Andy hebt die Tonangel, Regisseur Erik und sein Assistent Thomas starren in den Monitor, die Maskenmädels überprüfen ihr Werk noch einmal im Bild, Sandra und Andrea vom Kostüm checken ein letztes Mal den Faltenwurf meines Kleides, Aufnahmeleiter Stephan behält den Überblick.

Man könnte eine Stecknadel fallen hören. Ich liebe diesen Moment, kurz bevor die Klappe fällt. Jeder ist eins mit seiner Aufgabe und weiß, gleich wird mit seinem Beitrag etwas Neues entstehen.

»Ruhe, wir drehen«, verkündet Stephan, und alle, die im Raum sind, stehen wie angewurzelt.

»Ton läuft«, meldet Hank.

»Kamera läuft«, versichert Frank.

Sabrina schlägt die Klappe. »Ludowig, die erste.«

»Und bitte!«, fordert Erik.

Ich beginne zu spielen.

Mitten im Sketch ruft Hank: »Flieger!« Durch seine großen Kopfhörer nimmt er jedes noch so feine Nebengeräusch wahr.

»Abgebrochen!«, entscheidet Erik.

Wir warten, bis der Fluglärm vorbei ist. Ich versuche, die Spannung zu halten.

»Die Ruhe bleibt«, fordert Stephan, und alles schaut wieder zu mir.

Beim nächsten Take klappt es, und die folgenden zwölf Einstellungen laufen auch ziemlich reibungslos. Wir sind »in der Zeit«.

Pünktlich zum nächsten Sketch kommt mein Spielpartner Max als Brigitte Nielsen auf High Heels in die Kulisse gestakst. Maske, Kostüm und seine Darstellung ergeben eine perfekte Persiflage. Ich bin fasziniert. Ein paarmal proben wir meinen Besuch als Frauke Ludowig in »Frau« Nielsens schickem Loft und testen die Gags. »Sehr lustig«, findet unser Regisseur. Jetzt wird es ernst, und wir wiederholen das

Ganze zig Mal für die Kamera. Als weite, nahe und mittelnahe Aufnahme – von vorn, von hinten, von links, von rechts, von … Irgendwann nach zwei Stunden ruft Erik: »Gekauft! Nächste Szene!«

Nach spätem Drehschluss nehme ich die vielen Drehbuchseiten, zerreiße sie in Schnipsel und werfe sie in den Papierkorb. Abgedreht. Die Bilder sind »im Kasten«. Doch innerlich kann ich meine Frauke-Ludowig-Welt noch nicht loslassen. Eine Parodie verlangt ein Sich-Hineinsteigern in die Sprache und die Gesten dieser Figur, so lange, bis ich mich in ihr zu Hause fühle und alles Mögliche mit ihr machen kann. Immer und immer wieder habe ich mir dafür Fernsehaufnahmen von ihr angesehen und ihre Stimme gehört. Und nun, kaum hineingeschlüpft, muss ich die Figur auch schon wieder verlassen.

Zu Hause im Bett gehen mir viele Fragen durch den Kopf: Kamen die Gesten an den richtigen Stellen? War ich vielleicht zu schnell? Haben wir nichts vergessen? Aber es wäre jetzt sowieso nicht mehr zu ändern.

»Nach dem Dreh ist vor dem Dreh«, betont unser Produktionsleiter immer, und übermorgen steht für mich die Julia-Leischik-Parodie an. Die Zuschauer mögen diese Persiflage, deshalb nehmen wir die Moderatorin und ihre Dokuserie *Bitte melde dich* wieder aufs Korn. Ihre Gestik, Mimik und den besonderen Sprachstil habe ich abrufbereit gespeichert.

An diesem Drehtag sind die Jungs von der Technik schon seit fünf Uhr früh unterwegs und bauen in einem Hürther Wohnviertel alles Nötige auf. Ich habe es gut, denn bei mir klingelt erst um sechs der Wecker. Gegen halb sieben werde ich abgeholt, eine halbe Stunde später bin ich am

Set. Motiv-Aufnahmeleiterin Romy ist natürlich längst da und strahlt mich an. In ihrer Nähe bekomme ich einfach immer gute Laune.

»Nicht lang snacken, Kopp in 'n Nacken«, frotzelt sie.

Sie deutet auf das Maskenmobil, in das ich schleunigst verschwinden und mein Haupt auf den Maskenstuhl legen soll.

»Ich bring dir deinen Cappuccino«, schlägt sie vor. »Was willst du essen?« Vom Cateringwagen duftet es nach frisch gebratenem Rührei. »Mit Schnittlauch?« Romy kann Gedanken lesen.

»Besser ohne. Heute nehme ich mal Rücksicht.«

Vanessa, unsere Maskenbildnerin, wartet schon auf mich. Sie breitet vorsichtig die »Leischik-Nase« und das für meine Parodie um Etliches vergrößerte Muttermal auf einem Kleenex-Tuch aus, pudert mein Gesicht und beginnt, die Teile aufzukleben. »Heute mal keine Nase aus Silikon, sondern aus Gelatine vom Schwein«, erklärt sie.

»Oh, heute gibt's 'ne Schweinsnase!«

»Ja, die wirkt besonders natürlich.«

Dass das Ding später aussieht, als wäre es meine – also Julia Leischiks! –, glaube ich aufs Wort. Selbst wenn dieses Teil aus Entengrütze wäre. Denn unsere Maskenmädels können Wunder vollbringen. Sie sind wahre Künstlerinnen und bildhauern aus unseren Gesichtern fast jeden Fernsehpromi. Mich haben sie schon vom Scheitel bis über die Schultern in Silikon gepackt, mit Doppelkinn und Pausbacken, bis ich aussah wie die füllige Sekretärin Erika aus der Serie *Stromberg*. Die Krönung in diesem Sommer war meine Verwandlung in die Asiatin Cristina Yang aus *Grey's Anatomy*. Dafür haben wir zwar zwei Maskenproben gebraucht, aber das Ergebnis hat mich umgehauen. Ich musste immer wieder in den Spiegel schauen. Bin ich das noch, die darunter steckt, oder ist das jemand anders? Diese äußere Perfektion hilft enorm beim Spielen. Sofort bewege ich mich anders.

Die Leischik-Metamorphose ist erprobt, Vanessa braucht gerade mal eineinhalb Stunden samt geklebter Perücke, die sie heute aus zwei Teilen anfertigt, weil sich das Original so eine lange Mähne hat wachsen lassen.

Von der Maske geht's ins Kostüm. Sandra packt mir Vlies auf die Hüften, damit ich in die Breite gehe. Die echte Julia Leischik möge es uns verzeihen, wir übertreiben eben heftig.

Um neun Uhr stehe ich spielbereit auf dem Gehweg einer Wohnstraße. Ich laufe beim Reden, um zu zeigen, wie sich die Moderatorin auf der Suche nach Vermissten buchstäblich die Hacken abrennt. Dabei werde ich ganz nebenbei ab und an etwas umstoßen oder niedertrampeln. Im ersten Take muss eine an den Rand gestellte Mülltonne dran glauben. Das proben wir ein paarmal, ohne und mit Kamera, es klappt, alle kichern.

»Prima. Drehfertig machen!«, fordert Regisseur Erik. Die Mädels von der Maske und dem Kostüm eilen herbei, pudern und zupfen an mir herum.

»Drehfertig«, sagen sie.

»Ton läuft.«

»Kamera läuft.«

»Leischik-Klappe, die erste.«

»Und bitte!«

Ich laufe los und spreche den nicht ganz einfachen Text mit den vielen Metaphern. Dabei schreite ich im zuvor erprobten Tempo die ausgemachte Weglänge ab, stoße mit dem linken Arm wie zufällig die Tonne um und zelebriere mit dem rechten Unterarm ihre typischen Auf-und-ab-Bewegungen. Schließlich flitze ich rechts am Kameramann vorbei.

Regisseur Erik schaut kritisch auf den Monitor.

»Die Tonne ist zu wenig im Bild. Noch einmal. Drehfertig machen!«

Die Mädels von der Maske und dem Kostüm eilen herbei, pudern und …

»Drehfertig«, sagen sie.

»Ton läuft.«

»Kamera läuft.«

»Leischik-Klappe, die zweite.«

»Und bitte.«

Ich laufe los, spreche den Text. Die Tonne fliegt nicht um.

»Nimm mal mehr Schwung!«, rät Erik. »Drehfertig machen!«

Die Mädels von der Maske und dem Kostüm …

»Leischik-Klappe, die dritte.«

»Und bitte.«

Die Tonne fliegt. Das tat aber jetzt weh. Ich lasse mir nichts anmerken, sondern spiele weiter.

Erik schüttelt den Kopf. »Jetzt sieht man, dass du es bewusst machst und zu viel Kraft investierst. Am besten, wir kippeln die Tonne etwas an.«

Requisiteur Ingo schiebt einen Keil darunter. »Super, schau mal, jetzt brauchst du sie nur anzutippen!«

Ich versuche es, ja, so geht es leichter. »Drehfertig machen!«

Die Mädels von der Maske und dem …

»Leischik-Klappe, die vierte.«

Ich laufe los, alles klappt. Erik nickt. Die war's, glaube ich.

Doch zwischen seinen Augenbrauen erscheint plötzlich eine Steilfalte.

»War da die Tonangel im Bild? Oh ja, schade. Aber genau so, Petra! Drehfertig machen! Und, Marko, achte darauf, gerade am Anfang, wenn die Kamera runterschwenkt, musst du mit der Angel noch oben bleiben!«

Die Mädels von der Maske …

»Leischik-Klappe, die fünfte.«

Ich laufe los und verhaspele mich bei den Worten ›attraktive Außerirdische‹. Mist.

»Entschuldigung.«

»Kann passieren, sonst sehr schön, Petra. Der Tonnenwurf kommt jetzt gut. Drehfertig machen!«

Die Mädels …

»Leischik-Klappe, die sechste.«

Ich laufe los und …

»Flieger!«, ruft Hank. »Ton abgebrochen.«

Das war ja klar. Der hat sich heute noch gar nicht gemeldet.

Ich stelle mich wieder in Ausgangsposition.

»Ton läuft.«

»Leischik-Klappe, die siebente.«

Ich laufe los …

Plötzlich schießt die Kamera vor mir in die Luft. Frank, unser Mann dahinter, ist gestolpert. Kabelträger Sebastian und Regieassistent Thomas können ihn gerade noch auffangen. Der Regisseur eilt hinzu.

»Ist was passiert?«

Frank stöhnt. »Ah … bin nur mit dem Fuß umgeknickt. Ahhh. Sonst okay. Gib mir fünf Minuten. Mit der Kamera ist zum Glück alles in Ordnung.«

Mein Unterarm ist inzwischen blau angelaufen. Von allein fliegt die Tonne dann doch nicht. Vanessa will das überschminken, Sandra die Blusenärmel runterziehen, Marcel von der Aufnahmeleitung bringt eine Salbe, die Praktikantin Jasmin etwas zu trinken.

»Jetzt aber! Kinder, wir hängen!« Erik klatscht in die Hände. »Los. Nun wird das was. Drehfertig machen!«

»Drehfertig ist«, bestätigen die Mädels.

»Ton läuft.«

»Kamera läuft.«

»Leischik-Klappe, die achte.«

»Und bitte.«

Ich laufe, die Tonne fliegt, der Text sitzt, jetzt nur noch an der Kamera vorbei.

»Drehen Sie hier 'nen Film?«, ruft plötzlich ein Passant von der anderen Straßenseite laut dazwischen.

Für einen kurzen Moment steht alles still. Ich halte an, Frank lässt die Kamera sinken, Erik bekommt einen roten Kopf.

»Wo kommt der denn her?«, zischt er schließlich und schaut zur Praktikantin hinüber, die darauf achten soll, dass während der Aufnahmen niemand das Set betritt und absolute Ruhe herrscht.

Jasmin steigen sofort Tränen in die Augen, sie wird knallrot, rennt auf den Mann zu und schreit: »Gehen Sie weg! Das ist unsere Welt!«

Der Passant schüttelt irritiert den Kopf. »Nun stellt euch

mal nicht so an! Man wird ja wohl noch fragen dürfen.« Jasmin führt ihn hinter die Absperrung.

Wir grinsen. Selbst Erik. Ein neuer Slogan ist geboren: Das ist unsere Welt!

In eben dieser Welt geht es weiter mit: »Leischik-Klappe, die neunte«, und ein unvergesslicher Drehtag mit dem Pensum von drei langen Sketchen und unzähligen Takes nimmt im wahrsten Sinne des Wortes weiter seinen Lauf. Denn ich, alias Julia Leischik, mache mich wieder auf den Weg: »Schön, dass Sie dabei sind. Hallo, nicht erschrecken, ich bin Julia Leischik …«

Auf der Abschlussparty zum Ende des Drehs erinnern wir uns an diese Anekdote. Sie ist eine von vielen, die wir bei unserer achtwöchigen Arbeit erlebt haben. Einige Kollegen, wie die Masken- und Kostümmädels, sind mir wieder sehr ans Herz gewachsen. Sie kennen ja nicht nur jeden Pickel und jedes Pölsterchen an mir, sondern auch so einiges, was unter der Schale liegt – genauso haben sie mir vieles anvertraut.

Der Abschied von dieser Kurzzeit-Heimat ist von Anfang an eingeplant. Aber obwohl wir das wissen, tut es jedes Mal wieder weh. Werden wir uns wiedersehen? Wenn ja, wann und in welcher Konstellation? Und werden wir uns dann wieder so gut verstehen?

Der Preis für das Hochgefühl in den zeitlich begrenzten Projekten meines Berufes ist wohl genau dieses Sich-trennen-Müssen, kaum dass man einander kennen- und schätzen gelernt hat. Manchmal beneide ich Amely, die jeden Tag in ihre Schule zu ihren Schülern gehen kann und sie zumindest über ein paar Jahre begleiten darf, bevor die nächsten kommen.

Ihr Job sei ihr auch eine Heimat, hat sie mir mal anvertraut. »Wenn ich mich da nicht richtig fühlen würde, wäre das ja schlimm«, sagte sie, »meine Arbeit macht doch einen wesentlichen Teil meines Lebens aus.«

Das trifft sicher für die meisten in unterschiedlichsten Berufen zu. Allein schon durch die Zeit und Energie, mit der man sich einbringt – und wenn Herzblut dazukommt, sowieso. Als meine Mutter nicht mehr als Verkaufsstellenleiterin arbeiten konnte, weil unser Dorfkonsum den Supermärkten in der Stadt weichen musste und sie in Rente ging, sprach sie oft davon, dass ihr die Decke auf den Kopf falle, so wenig wisse sie jetzt mit sich und ihrer Zeit anzufangen. Erst mit dem Finden neuer Aufgaben konnte sie diese Leere wieder füllen.

Wie das jetzt bei mir und meinen Team-Kollegen, die auch fast alle selbstständig sind, weitergehen wird? Einige haben Glück und wechseln schon ab morgen in eine neue Produktion, andere müssen sich arbeitslos melden, und manche fallen erst mal in ein Loch. Dem kann man vorbeugen, indem man sich entweder den Kalender mit Terminen vollstopft, beschließt, den Keller auszumisten, oder Zeit mit seiner Familie oder Freunden verbringt, die man vorher von einem Wochenende aufs nächste vertröstet hat.

Ich habe mich für die letzte Variante entschieden und Grillzeug eingekauft. Jörg, Silke, Christoph und Nicole kommen mit ihren Kindern und bleiben ein paar Tage. Vielleicht kann ich dann auch die neuen Hofbewohner Grit und Daniel besser kennenlernen, die mittlerweile in die Wohnung neben mir eingezogen sind.

Mitte September mache ich mit Anna Urlaub. Wir wollen zusammen ein bisschen ausspannen und dann für eine Woche auf des Deutschen liebste Insel, also nach Malle.

»I've been missing you …«, heißt ein Song auf der Abschlussparty, den wir mitträllern – und, oh ja, ich vermisse das Leben am Set jetzt schon.

Da schmusen zwei. Also gibt es doch wieder ein Staffel-Liebespaar! Ich schaue mich um. Mindestens eins.

Irgendwann schießt mir der Aperol Spritz in den Kopf.

Der Redestrom fließt.

Die Melancholie beim Abschiednehmen bleibt.

Und die Hoffnung auf ein Wiedersehen auch.

Jetzt nur nicht sentimental werden, nach vorn schauen und sich auf den verdienten Urlaub freuen.

Vom Staube befreit sind Hirsch und Rehlein

Wie wir Heimat früher sahen
und heute neu entdecken

»Mama, ich kann nicht mitkommen. Ich muss jetzt doch arbeiten. Eine Kollegin ist ausgefallen, die brauchen mich. Das tut mir so leid mit unserem Urlaub!«

Während die Worte meiner Tochter durch das Telefon zu mir dringen, bringe ich keinen Ton heraus.

»… Mama, du sagst ja gar nichts … Ich hab mich doch auch so darauf gefreut, aber was soll ich machen? Komm, wir holen das irgendwann nach!«

Mist, nun falle ich doch in das Loch, vor dem mich die gemeinsame Reise schützen sollte. Keine Anna. Kein Urlaub. Was jetzt?

Amely sieht das pragmatisch: »Kann ich verstehen, dass sie als Berufsanfängerin und in so einer schwierigen Situation nicht auf Urlaub pocht. Ist doch eigentlich schön, dass man sie braucht«, versucht sie mich zu beruhigen.

»Ich brauche sie auch.«

Kurz entschlossen rufe ich meine Agentin an, die gleich einen Vorschlag hat. Ich sage den Urlaub auch ab und bei einem Low-Budget-Filmprojekt von Kölner Studenten zu, das schon in ein paar Tagen beginnt.

Müde komme ich am zweiten Drehtag nach Hause. Es ist schon lange dunkel, ich war über fünfzehn Stunden unterwegs und fühle mich matt. Im Hausflur suche ich am Bund nach dem kleinen Schlüssel für den Briefkasten. Das metallische Türchen in der Wand öffnet sich wie immer mit einem Ächzen. Mir fällt ein Haufen Briefe entgegen, dazwischen ein dicker Umschlag. Ich setze mich an meinen Tisch und blättere durch: Werbung, Rechnungen, ein paar Autogrammanfragen und dieser große Brief. Er trägt Annas Handschrift.

Ich reiße den Umschlag auf und ziehe einen mit bunten Schleifen zusammengebundenen Packen farbiger Kartons heraus. *Heimatkalender* steht in Schnörkelschrift darauf, und unter einem Kranz aus geklebten Blüten guckt mich Anna schelmisch aus ihren grau-blauen Augen an. Mit dem Mund macht sie eine Riesenkaugummiblase, die das Kinn bedeckt und bis über die Nasenspitze reicht. *Für Dich!* hat sie in die Rundung der Blase geschrieben.

Ich muss schmunzeln. Na, bloß nicht platzen lassen!

Vorsichtig blättere ich um.

Der Kalender beginnt, ungewöhnlich genug, mit dem Monat September, in dem wir uns gerade befinden: Anna sitzt in einem schick geschnittenen rot-weißen Dirndl auf einem Siebziger-Jahre-Sessel in einem Laden, in dem noch viele andere hip designte Sachen auf den Kleiderstangen im Hintergrund hängen. Neben sich hat sie Taschen aus Blütenmusterstoffen, einige mit Applikationen von Rehkitzen oder Edelweißblüten, drapiert.

Sie hat das Bild mit Sprechblasen versehen. »Hoast schon a Dirndl? Für die Wies'n?«, fragt ein Reh. Und ein anderes antwortet: »Broach i net. Die einz'ge Wies'n, die i besuch, is dis Berghain.«

Im Oktober posiert sie vor dem Eingang des »Heimathafen Neukölln«, dem alten Berliner Ballhaus, mit einem Programmheft in der Hand. »Such dir was aus!«, hat sie danebengeschrieben. Ich weiß, dass in diesem Veranstaltungshaus von Musik über Theater bis Poetry Slam einiges läuft. »Heimathafen« finde ich einen perfekten Namen für ein Kulturhaus, in dem die Besucher sich wohl fühlen sollen.

Neugierig blättere ich weiter. Für den November hat sie eine Collage mit Vierbeinern aus heimischen Wäldern angefertigt. Dazwischen steht sie als Rotkäppchen mit einem roten Topflappen auf dem Kopf und verspricht, sich für den nächsten Besuch nicht von Arbeitswölfen abhalten zu lassen. Eine Landschaftsaufnahme aus dem Fenster ihres ehemaligen Zimmers im Bergischen kündigt eine Wanderung durch den vertrauten Wald an.

Mit den folgenden Kalenderblättern sind wir wieder in Berlin. Im Februar hat sich Anna im »St. Oberholz«-Café direkt unter ein kleines Hirschgeweih an der Wand gesetzt. An den zwei Tischen daneben sieht man gestylte junge Männer, die durch ihre dunklen Nerdbrillen auf Laptops starren, sogenannte Hipster. Das »St. Oberholz« ist mit Omas Apfelkuchen und modernem Interieur ein beliebter Treffpunkt der digitalen Boheme.

Im April ist sie Gast in den »Schwarzwaldstuben«. Andächtig posiert sie unter einem riesigen Wildschweinkopf und hält die Speisekarte hoch. Mein Lieblingsgericht aus dieser Region kennt sie: Schwäbische Hühnersuppe mit Flädle.

Beim Juli-Foto, das sie mit Hut in einem Modeladen zeigt, der sich »Heimat Berlin« nennt, muss ich lächeln. Vor einiger Zeit waren wir beide in diesem Geschäft und haben ausgefallene Kopfbedeckungen ausprobiert, eine nach der anderen, und uns dabei kaputtgelacht, weil wir mit einigen sehr schräg aussahen.

»Alle machen auf Heimat«, verkündet sie auf dem letzten Kalenderblatt. »Ich vermisse dich.«

Ich bin gerührt. Und schäme mich ein bisschen für mein Gejammer über den ausgefallenen Urlaub. Wenn Anna nicht zu mir kommen kann, fahre ich eben einfach zu ihr! Im Oktober sollte das doch möglich sein.

Dass es in der deutschen Metropole so viele Plätze gibt, die versuchen, eine heimelige Atmosphäre zu schaffen, hätte ich nicht gedacht. Sollen es die zugereisten Schwaben, Ruhrpottler und Bayern dort so gemütlich wie nur irgend möglich haben, oder stillen sie damit ihre Sehnsucht nach zu Hause? Ist es deswegen besonders gut für das Geschäft, wenn ein Café oder ein Laden ein Stück Heimat verkauft oder verspricht? Ich schaue mir ihr Geschenk gleich noch einmal an und hänge den Kalender schließlich an die Wand.

Am nächsten Morgen klingelt es an der Tür. So früh? Wer kann das sein, der Postbote, die Müllabfuhr?

Amely strahlt mich an. »Frische Brötchen!«, ruft sie und hält eine gefüllte Papiertüte hoch. »Bist du noch traurig?«, fragt sie mich beim Umarmen.

Ich schüttele den Kopf. »*Du* bist doch da!«

»Meine letzten Ferientage«, stöhnt sie, »in ein paar Tagen geht's wieder los mit der Schule.«

Mit Schwung wirft sie ihre große Umhängetasche auf mein Sofa. »Ich hoffe, du hast noch nicht gefrühstückt!«

Ihr Blick fällt sofort auf Annas Kalender. »Oh, hübsch!«, sagt sie, nimmt ihn von der Wand und beginnt sofort zu blättern, während ich Käse, Butter und Tomaten auf den Tisch stelle und Kaffeewasser aufsetze.

»Das ist ja süß von ihr«, schwärmt sie. »So was würde Jakob nie für mich machen. Is halt 'n Junge. Na ja, ich will mich nicht beklagen, dafür ruft er über Skype von überall an. Du, der ist grad für ein Praktikum in London. Ich muss dir mal was zeigen!«

Sie nimmt ihr Smartphone und ruft ein Bild von Jakob auf, das ihn vor einem der typischen Londoner Arbeiterhäuschen zeigt. Okay, ihr Sohn. Den kenn ich. Ja, und?

»Das T-Shirt«, sagt sie. »Schau doch mal!« Mit Daumen und Zeigefinger vergrößert sie den gut trainierten Brustkorb ihres Sprösslings.

»Nicht schlecht«, kommentiere ich. »Ein Busen zum Anlehnen!«

Amely lacht und verdreht die Augen. »Das meine ich nicht. Lies doch mal!«

Sie vergrößert das darauf gedruckte gelbe Ortseingangsschild, und ich lese den Frank-Goosen-Spruch: »Heimat – woanders is auch scheiße«.

»Na, mit dieser Einstellung gefällt's einem wahrscheinlich überall. Dann kann ja nichts schiefgehen«, kommentiere ich und stelle die großen Tassen mit frisch gebrühtem Kaffee auf den Tisch.

Amely gießt Milch dazu und nickt. »Das kann man wohl sagen, Jakob kommt an jedem Ort zurecht. Weißt du, wo der schon überall war? Jetzt London, davor Hongkong, Barcelona, und in Kopenhagen hat er sein Auslandssemester gemacht.«

Sie legt sich eine Scheibe Käse auf das Brötchen, beißt hinein und streicht liebevoll mit dem Daumen über das Display, um mir noch mehr Fotos von Jakob zu zeigen.

»Wo der wohl mal sesshaft werden wird? Hoffentlich muss ich dann nicht erst jedes Mal über den Großen Teich, um ihn mal zu sehen.« Amely zieht die Augenbrauen zusammen. »Manchmal nervt doch diese ganze blöde Mobilität! Findest du nicht? Früher ist man, wenn's hoch kam, ein- oder zweimal umgezogen, das war's dann. Nicht jedes Jahr 'ne neue Adresse und 'n neuer Arbeitgeber!«

»Das fandest du doch eben noch so faszinierend.«

Meine Freundin nickt bestätigend und zieht gleichzeitig einen Flunsch.

Vielleicht ist gerade dieser gewisse Zwang, immer mobil und flexibel sein zu müssen, ein Grund dafür, warum es heute offensichtlich wieder schwer in Mode ist, sich mit Verweisen auf die eigene Herkunft oder mit Heimat-Symbolen zu schmücken, vor allem, wenn noch eine Prise Ironie im Spiel ist.

Amely überlegt: »In den Siebzigern, als wir so alt waren wie unsere Kinder jetzt, wäre ein Bekenntnis zu meiner Heimatstadt wie ›I love Oberhausen‹ auf T-Shirts oder Hemden total daneben gewesen.«

»Oh ja«, stimme ich zu, »ich wäre damals in der DDR auch nicht im Entferntesten auf die Idee gekommen, mit dem Slogan ›Ich liebe Wilhelminenthal‹ herumzulaufen. Alles heimatlich Anmutende hatte ohnehin etwas Verstaubtes und Spießiges, dem wir in unserer jugendlichen Sturm- und Drangzeit unbedingt entkommen wollten.«

Hinzu kam, dass in Bezug auf den Nationalsozialismus bei unseren Eltern und Großeltern eine gewisse Sprachlosigkeit herrschte und den neuen sozialistischen Visionen der Realitätsbezug fehlte. Platz für ein positives Heimatgefühl gab es da kaum.

»Stimmt«, bestätigt Amely. »Auch bei uns im Wirtschaftswunderland war das Thema Heimat mit vielen Fragezeichen versehen. Ich erinnere mich, wie Mama im Wohnzimmer die Blätter vom Gummibaum mit Bier polierte und die Sammeltassen im Buffet ›Marke Gelsenkirchener Barock‹ zurechtrückte. Neben dem biederen Das-macht-man-nicht-Katalog der Verhaltensregeln wurden die großen Tugenden wie Fleiß, Treue und Ordnung hochgehalten. Papa ging abends gern in den Schützenverein und kam meistens hackevoll wieder. Einmal hat er mich mitgenommen, und ich musste mit ansehen, wie er vor Vereinspokalen und unter röhrenden Hirschen an der Theke saß und mit seinen Kumpanen altbackene Lieder sang. Ein Albtraum. Alles, was mit Heimat zu tun hatte, bedeutete damals für mich veraltetes Denken und braune Soße. Zum Spießbraten wie in der Politik. Als Jugendliche schrie ich auf Demos ›Nie wieder Deutschland!‹ und wollte damit zeigen, wie sehr ich mich von der nationalsozialistischen Vergangenheit und diesem ganzen Deutschtum distanzierte.«

»Tja, und heute sitzen unsere Kinder wieder unter Hirschgeweihen, gehen bei ›Who killed Bambi‹ Klamotten im Stil der fünfziger und sechziger Jahre kaufen, trinken Jägermeister und finden das unglaublich cool. – Und das steckt an!«

Ich hole zwei Sammeltassen-Gedecke mit Goldrand und Blümchenmalerei aus meinem Schrank. »Schau mal! Was wir damals so ätzend fanden, habe ich letzte Woche bei einem Trödler gekauft.«

Amely nickt. »Verrückt ist das. Aber wenn du schon so tolle Tassen hast, dann mach mal noch 'n Tee!«, schlägt sie vor und nimmt sie mir ab, um sie auf den Tisch zu stellen. »Der Unterschied ist, heute stehen diese Sammeltassen nicht mehr in Omas Vitrine, sondern bei dir, und du und ich trinken jetzt daraus und nicht mehr Tante Frieda und Onkel Fritz. Und wir haben einen anderen Background. Die Zeit hat sich gewandelt.«

Ich schaue zu Amely, die in ihren grünen Röhrenjeans lässig an meinem Tisch sitzt, ihr Smartphone immer im Blick, falls gleich eine Nachricht aus London eintrifft, die Schule sich meldet oder eine Information gegoogelt werden muss.

»Unsere Enkel könnten heute wieder Frieda und Fritz heißen«, sage ich, als ich den frisch gebrühten Tee in unsere Tassen gieße und die Kanne auf den Tisch stelle.

»Namen sind Schall und Rauch«, findet Amely und winkt gelassen ab. »Alles nur Mode, wie die Sammeltassen hier. Mal sind sie in, mal out.«

Während wir den Tee trinken, kommt mir ein Pionierlied in den Sinn, das wir in der Grundschule gelernt haben. Seine Melodie ist so schön, dass es auch als Gute-Nacht-Ständchen durchgehen würde.

Ich beginne, den Anfang zu summen, und als Amely aufmerkt, singe ich es ihr vor:

»Unsere Heimat, das sind nicht nur die Städte und Dörfer,

Unsere Heimat sind auch all die Bäume im Wald,

Unsere Heimat ist das Gras auf der Wiese, das Korn auf dem Feld ...«

Ich staune über meine Textsicherheit, amüsiere mich über

Amelys Gesichtsausdruck und komme mir vor wie Tante Hedwig, wenn sie für uns zu Karfreitag andächtig aus Goethes Osterspaziergang zitiert. Ich bringe das Ding zu Ende, und zwar so pathetisch, wie es der Komponist vorsah:

»… und wir lieben die Heimat, die schöne
Und wir schützen sie, weil sie dem Volke gehört,
Weil sie unserem Volke gehört.«

Amely klatscht. »Ach, ist das lieblich!«

Ich finde, es ist ein bisschen zu glatt geraten, wie alle diese Pionierlieder über Heimat, Frieden und Solidarität, und das Perfide war, dass man nicht einmal etwas gegen den Text sagen konnte. Kein Wunder, dass es Amely gefällt. Ich versuche, ihr zu erklären, dass in der DDR mit Heimat immer nur die DDR gemeint war, die an der Mauer aufhörte. Deshalb läuft in diesem Lied auch alles auf den pathetischen Schluss hinaus, denn »wir schützen sie« schloss natürlich Armee, Staatssicherheit und Todesschüsse an der Grenze mit ein.

»Ich verstehe.« Amely schlürft den heißen Tee und beugt sich vor. »Dann mag ich es doch nicht.«

Mir fällt dabei unser Heimatmuseum in Demmin ein, das in meiner Schulzeit nicht nur mit steinzeitlichen Scherben, ausgestopften Fledermäusen und Hansewimpeln ausgestattet war, sondern ebenso mit Plakaten, die hehre sozialistische Visionen verkündeten. »Schütze den Frieden und deine Heimat DDR – werde Offizier der NVA!« erinnere ich als Text auf einem Motiv mit fröhlichen FDJlern, die um ein Lagerfeuer sitzen und zur Gitarre Lieder singen.

»Eine Diktatur wäre keine Diktatur, wenn sie nicht alles politisch untermauern und für ihre Zwecke nutzen würde«, sage ich.

»Irgendwie sind wir alle um unsere Heimat betrogen worden«, schlussfolgert Amely. »In Ost wie West.«

Aber wahrscheinlich ist es eher so, dass wir Deutschen den Rest des 20. Jahrhunderts bis ins Heute hinein brauchten, um uns von dem Albtraum der beiden deutschen Diktaturen zu befreien und diese Zeit kritisch aufzuarbeiten. Lange wurde Heimat eben nur mit dem kleinen Familienidyll gleichgesetzt, verdrängt oder politisch abgelehnt.

Mittlerweile, mit größerer zeitlicher Distanz, vielfältigen Reflexionen und vor dem Hintergrund neuer, globaler Entwicklungen scheint es, als hätten wir uns einen neuen Begriff erarbeitet, der auf Lebensfreude abzielt und nach Identifikation sucht.

In diesem Zusammenhang ist die Lust, einige verstaubte Insignien vergangener Jahrzehnte ironisch zu verfremden und modisch einzusetzen, wieder gestiegen. Mein alter Hoffreund Jörg hat sich sogar in seinem neuen Domizil den röhrenden Hirsch als Wandlampe über seine Küchenfront gehängt.

Ganz so weit würde ich nicht gehen, denke ich, als ich uns Tee nachschenke. Mir persönlich reichen die Sammeltassen vollkommen.

Mit Kuckucksuhren die Zeit anhalten

Warum es darauf ankommt, sich selbst eine Heimat zu sein

Auch in Köln fällt mir jetzt vieles auf, das angeblich mit Heimat zu tun hat: das Restaurant »Heimat kölscher Helden«, das Veranstaltungshaus »Comedia Colonia« oder die Kulturbar »Heimathirsch«, in der ich gestern mit Christoph und Nicole war. Eigentlich wollten wir dort nur ein Kölsch trinken, aber auf der kleinen Bühne spielte eine lokale Jazzband, und wir blieben den ganzen Abend. Ob sich diese neu entdeckte Location nun zu einem meiner Lieblingsplätze entwickelt, wird sich herausstellen.

Eine Ecke von Köln hat diesen Status schon: das Belgische Viertel. Und heute, an diesem spätsommerlichen Septembertag, gönne ich mir in der Nähe des Brüsseler Platzes einen ausgiebigen Spaziergang. Dieses Herumschlendern sei etwas typisch Deutsches, habe ich gestern von Christoph erfahren, der gerade von einer Reise aus New York zurückgekommen war. Dort spaziere man nicht, dort gehe man eilig seines Weges.

»Wohin denn?«, wollte ich wissen.

Das sei wohl nicht die Frage. »*Hurry up, hurry up!*«

Meinetwegen sollen die das dort so machen. Ich bin jetzt in Köln, da darf ich typisch deutsch sein und den Bummel durch mein Veedel, wie man hier zum Stadtteil sagt, genießen. Ich schlendere an einer Galerie vorbei und werde stutzig, als ich den Flyer lese, der auf dem Fensterbrett ausliegt: *What the fuck is Heimat?* Es ist, als ob jemand meine Frage geklaut hätte. Ich trete ein.

Stefan Strumbel heißt der Künstler. Interessiert betrachte ich seine Siebdrucke, die sich alle mit diesem Thema beschäftigen. Er verfremdet bekannte Motive, wie eine Schwarzwaldfrau mit traditionellem Bollenhut, die sich lasziv eine Banane in den Mund steckt. Ein anderes zeigt ein Kreuz mit Totenkopf und tropfenden Flügeln, und da ist die *Rock clock*, eine rot-pinke Kuckucksuhr mit gekreuzten Gitarren und gekröntem rosa Schweinekopf. Der Kuckuck wurde durch das Bandlogo der Rolling Stones, die lang herausgestreckte Zunge, ersetzt.

»Nicht schlecht«, murmele ich.

»Das gefällt Ihnen?«, fragt eine Dame, die plötzlich neben mir steht und weiterspricht, ohne meine Antwort abzuwarten. »Ein weltweit populärer Künstler. Schauen Sie mal!«

Das muss die Galeristin sein, denke ich und lasse mich von ihr mit einem Klick auf ihrem Mac in Strumbels Kunstwelt entführen. Da erscheinen weitere Schwarzwälder Kuckucksuhren in knalligen Farben und mit trashigen Details. Statt der Zapfen hängen gelbe Ratten an den Ketten, oder neben dem Ziffernblatt sind Verzierungen mit erlegten Tieren oder gekreuzten Gewehren angebracht.

»Fällt ihnen was auf?«, fragt die Frau in ihrem eleganten Kostüm.

»Schrille Dinger«, sage ich.

Sie nickt. »Die Zeiger stehen fast immer auf fünf vor zwölf«, erklärt sie. »Seit er mit so einer Kuckucksuhr auf dem Titelblatt der *New York Times* war, ist er auf dem Kunstmarkt heiß begehrt.«

Strumbel wolle nicht einfach nur provozieren, sondern wachrütteln, damit die Menschen sich auf die eigene Heimreise begeben können, lese ich und versuche, mir das vorzustellen: Betuchte amerikanische Männer in grauen Anzügen, die mit so einer erstandenen grellbunten Schwarzwälder Kuckucksuhr im Arm und im Stechschritt in ihr feines Upper-East-Side-Viertel eilen, um kurz vor Schluss doch noch ihre Identität zu finden. Na, dann: »*Hurry up, hurry up!*«

Für Strumbel selbst sei Heimat ein Gefühl der Geborgenheit, der Liebe und des Glücks und für kein Geld der Welt zu kaufen. Da stimme ich sofort zu. Aber mit dem *Ver*kaufen klappt es wohl gerade ganz gut bei ihm. Modezar Karl Lagerfeld präsentiert sich mit einer seiner Uhrenskulpturen, und auch Hubert Burda gehört zu seinen Kunden.

Im Karlsruher Museum hat der Künstler ein Kirchenschiff nachgebaut, in dem drei Madonnen stehen: eine Schwarzwälder, eine amerikanische und eine afrikanische, alle mit kritischen Verweisen auf ihre Herkunft. An einem schwebenden Kruzifix prangt in Neonfarben das Wort Heimat, wobei Jesus nicht am Kreuz hängt, sondern sich als Klippenspringer versucht. *Holy Heimat* nennt Strumbel dieses Projekt.

»Ich musste nach dem Besuch in Karlsruhe ganz viel über mein eigenes Woher nachdenken«, offenbart mir die

Dame nun. »Darüber, mit welch religiösem Hintergrund ich erzogen worden bin, und ob das wohl alles so richtig ist. Erstaunlich, oder?«

Ich nicke. »Wenn ein Künstler so etwas erreicht, finde ich das bemerkenswert. Komisch, dass er mir bisher noch nicht aufgefallen ist«, sage ich und verabschiede mich.

Während ich weiterspaziere, bleibe ich in Gedanken bei den neonfarbenen Kuckucksuhren – und der empfohlenen eigenen Heimreise. Was heißt das eigentlich? Zielt eine Heimreise nicht vor allem darauf, bei sich selbst anzukommen und mit sich im Reinen zu sein? Sich so annehmen zu können, wie man ist? Auch mit seinen Schwächen und Unvollkommenheiten?

Ich muss da an eine Charaktereigenschaft denken, die mir im Leben nicht nur glückliche Momente bescherte: meine naive Gutgläubigkeit.

Als Kind glaubte ich an die Zahnfee und den Osterhasen und als Junger Pionier und FDJler den Reden über das Gute im Sozialismus. Damit das Gute noch besser würde, ging ich zum Studieren nach Leipzig, um Journalistin zu werden. In der Uni hingen Plakate, auf denen stand: Der Kommunismus siegt! Aber wenn ich in der Stadt die Augen aufmachte, sah es eher nach Untergang als nach Sieg aus. Die Leipziger lachten über meine Gutgläubigkeit. »Noa glar, gugge nur!«, sagten sie in ihrem gemütlichen sächsischen Dialekt: »Der Gommunismus siecht – haha … dahin.« Ich lernte gerade noch rechtzeitig, im Strumbel'schen Sinn um fünf vor zwölf, dass es wichtig ist, genau »hinzuguggen« – und zog meine Konsequenzen.

In anderen Dingen hat mir diese Charaktereigenschaft allerdings auch Türen geöffnet. Zum Beispiel beim Wechsel von der Journalistin zur Schauspielerin. Im Osten hatte ich nach dem Ausreiseantrag nichts mehr zu verlieren, aber im Westen schon.

»Sie wollen den sicheren Job bei der Stadt Köln gegen den einer Schauspielerin eintauschen?«, fragte der Leiter des Presseamtes in Bezug auf meine Kündigung, wobei er die Anfangssilbe meines Wunschberufs hervorhob. Das klang wie: SCHAU, ob bei dir noch alle Tassen im Schrank sind! Nachdenklich rieb er sich den Bart und bezog in der Betonung der folgenden zwei Worte mein Scheitern gleich mit ein: »Seeehr mutig.«

Ob mutig oder nicht, ich war einfach felsenfest davon überzeugt, dass ich das, was ich unbedingt wollte, auch durchziehen sollte. Und ich hatte Glück dabei – alles ging gut.

Ähnliche Erfahrungen machte ich mit dem Hof im Bergischen. Bei seiner Besichtigung setzte ich mich auf die maigrüne Wiese hinter dem Haus, blickte auf die Hügel und den Wald, legte den Kopf ins Gras, schaute den vorbeiziehenden Wolken zu und hörte, wie Anna sich jauchzend den Berg runterrollen ließ. Dass das Gebäude fast auseinanderfiel und an seinen Innenwänden Pilze wuchsen, konnte ich aus dieser Perspektive nicht wahrnehmen. Hätte ich geahnt, wie viel Arbeit hier auf mich wartete, hätte ich vielleicht etwas kritischer nachgefragt und mich genauer umgesehen. Aber vielleicht hätte ich mich dann gar nicht dafür entschieden? Und eines wusste ich doch sicher: Dieser Flecken Erde sollte mein neues Zuhause werden!

Wieder was gelernt: Man muss also doch glauben, und zwar an seine Visionen! Sich nicht abhalten lassen von solchen Miesmachern wie dem Mitarbeiter vom Baumarkt, der es, als wir gerade anfingen zu restaurieren, besser gefunden hätte, den Bulldozer zu holen, um den »alten Scheiß hier platt zu machen. Dann kann man schön neu bauen.«

Das ist also eine ziemlich ambivalente Sache mit dieser Gutgläubigkeit, mal hilft sie mir, mal muss ich mit ihr Umwege gehen. Trotzdem bin ich dabei, meinen Frieden mit ihr zu schließen.

Hin und wieder allerdings schlägt mir meine Naivität weiterhin ein Schnippchen. Als ich beispielsweise den mündlich zugesagten Vertrag für eine Fernsehrolle als Anlass nahm, mich gründlich vorzubereiten und mir einen Tag vor Drehbeginn eine Praktikantin auf die Mailbox säuselte, dass die Redaktion sich doch für eine andere Schauspielerin entschieden hätte, was aber auf keinen Fall mit mir zu tun hätte … da habe ich die gläserne Schale vom Tisch genommen und gegen die Wand geschleudert. Ich wollte richtige Scherben sehen.

Kurz darauf kaufte ich mir einen Boxsack, auf den ich Namen schreiben kann. Seitdem schone ich unschuldige Schalen und treffe immer den oder die Richtige.

Es gibt noch eine Berufssparte, bei der man vorsichtig mit seiner Gutgläubigkeit umgehen sollte: Handwerker. Als nämlich bei den neuen Nachbarn Grit und Daniel kurz nach ihrem Einzug Wasser aus dem Toilettenrohr auf den Fliesenboden lief, bestellte ich den Klempner.

»Komm isch vorbei«, versicherte er mir. »Stell'n Se so lang dat Wasser ab.«

Bis achtzehn Uhr wartete ich und telefonierte mir die Finger wund, aber leider ging er nicht mehr ran, und auch die Mailbox blieb ausgeschaltet. An diesem Abend lud ich die beiden auf meine Toilette ein, und damit es sich lohnte, holte ich ein paar Biere aus dem Kühlfach. Wir machten es uns auf meiner Couch gemütlich und redeten bis weit in die Nacht. Grit holt mich seitdem alle paar Tage zum Joggen ab, und hin und wieder kochen wir gemeinsam. Alles, auch so ein Wasserrohrbruch, hat eben sein Gutes.

Als ich den Klempner tags darauf an der Strippe hatte, war ich etwas ungehalten: »Ich dachte, Sie kommen vorbei«, blaffte ich ihn an.

»Hatte isch denn jesacht, wann?«, fragte er ruhig zurück.

»Nö, aber ich hatte geglaubt …«

»Na, glauben tun nur die Tauben.«

»Wie bitte?«

»Isch bin in 'ner halben Stunde bei Ihnen.«

Daraus sind zwei Stunden geworden, aber gut. Ich hätte ihn noch fragen sollen, ob er mit den Tauben die frechen, possierlichen Stadtvögel meint, die hier vor meinen Füßen über den Brüsseler Platz hüpfen, oder die Menschen, die nichts hören können.

Ich staune, zu welch gedanklichen Ausflügen mich so ein kurzer Galeriebesuch anregt. Wenn solcherart Anstöße zu persönlichen Exkursen führen, will ich mehr davon.

Geht es nicht grundsätzlich immer darum, sich mit seinen Schwächen und Stärken zu arrangieren, um bei sich selbst anzukommen und sich selbst eine Heimat zu sein? Gehört das nicht zu den wichtigsten Voraussetzungen, um überall zu Hause sein zu können?

Ich schicke mich an, die Straßenseite zu wechseln, da kracht es neben mir. Ein Fahrradfahrer stürzt auf die Straße. »*Fuck!*«, schreit er. »*Didn't you hear the bell? Are you deaf?*«

»*Yes*«, antworte ich und erschrecke über mich, denn ich habe wirklich nichts gehört. Damit scheint die Frage nach den »Tauben« beantwortet. »*I'm sorry*«, entschuldige ich mich, obwohl mir nicht klar ist, ob ich diesen Unfall tatsächlich verursacht habe, denn immerhin stehe ich noch auf dem Gehweg, und er liegt auf der Straße. Ich helfe ihm hoch. »*Are you okay?*«, frage ich.

Er nickt, schüttelt sich den Staub von Jeans und T-Shirt und überprüft sein Fahrrad.

»*You are from New York!*«, stelle ich fest.

Er hält kurz inne, nickt und sagt fast entschuldigend mehr zu sich als zu mir: »*I'm in a hurry.*«

Das hatte ich geahnt. Ich will ihm noch meine Erkenntnis vom Strumbel'schen Innehalten mit auf den Weg geben, aber da hat er sich schon auf sein Rad geschwungen und ist hinter der Kirche verschwunden.

»*Hurry up, hurry up*«, murmele ich leise vor mich hin und schüttele den Kopf. So kann das nichts werden. Ich hoffe, er holt sich eine Uhr, ob von Strumbel oder von Tchibo, um hin und wieder die Zeit anzuhalten. Zur Selbstbesinnung. Bei mir hat's gerade geklappt.

Wasserbomben sind auch keine Lösung

Wenn wir liebgewonnene Plätze
gegen Eindringlinge verteidigen

 Ein wenig Zeit habe ich noch, bevor ich mich auf dem Brüsseler Platz mit Amely treffe, die sich seit dem Blick in Annas Kalender unbedingt ein Dirndl kaufen will. Ich husche in eine der Seitenstraßen zu einem kleinen Antiquitätenhändler, dem ich ab und an gern einen Besuch abstatte. Hier kann ich Möbelklassiker bestaunen, und es riecht so gut nach Politur.

»Suchen Se wat Bestimmtes, junge Frau?«, fragt der füllige Herr in breitestem Kölsch, als ich ein Abrissglas in die Höhe halte, um auf seinem Boden nach dem Preis zu gucken.

Er betrachtet mich über die Gläser seiner Nickelbrille hinweg.

Neunzig Euro lese ich auf dem Schild.

»Mannomann, das ist ein satter Preis«, sage ich.

»Nu, dat is en besondres französisches Kutscherglas. Zweihundert Jahr alt. Dat finden Se nisch in jedem Küchenschrank. Kann isch Ihnen noch andre zeigen, wenn Se dat interessiert.«

»Nein, nein, danke«, wehre ich ab, als er sich dazu anschickt, seinen Stuhl nach hinten zu schieben und aufzustehen.

»Ich suche eigentlich einen Tisch.«

»Biedermeier, Gründerzeit, Barock?«, fragt er wie aus der Pistole geschossen und kommt auf mich zu.

»Nein, eher …«

»Nierentisch, sechziger Jahre, hellet Holz, wenn et jeht mit Intarsien rundrum?« Er stöhnt.

Meine Augen leuchten. »Das wäre nicht schlecht. Haben Sie so einen?«

»Dat darf doch nisch wahr sein, sind Se schon die Dritte seit Anfang diese Woch!«, ruft er ungehalten. Sein gerade noch so gutmütiger Gesichtsausdruck verfinstert sich. »Dann erzähln Se mir gleich, dat Se dat zu Hause auch hatten, över dat Ding verbrannt ham.« Er kommt mit aufgerissenen Augen auf mich zu. »War dat so?«

Ich nicke. Genauso war es. Mutti konnte es Ende der Siebziger kaum erwarten, das »hässliche Gestell«, wie sie es nannte, auf unseren Feuerplatz im Garten zu schleppen.

Der Mann hält mir seinen Zeigefinger entgegen. »Zusammen mit de bunten Schalensessel, stimmt's?«

Er kann meine Gedanken lesen.

»Ja, wir hatten die in Orange, Grün und Grau«, bestätige ich begeistert.

»Und jetzt woll'n Sc die jooten Stücke wieder ham«, sagt er mit düsterem Blick, bleibt stehen und nimmt die Brille ab. »Nach nur vierzisch Jahren! Un dafür kommen Se in meinen exquisiten Laden mit rischtigen Antiquitäten?«

»Ja, wieso nicht«, antworte ich brav.

»Hörens!«, der kleine Mann hebt den Finger. »Isch bin

ein Antiquitätenhändler und kein Ramschverkäufer eines aus welschen Gründen auch immer auferstandenen Geschmacks. Für so'n Tünnes müssen Se zu diesem Typen um de Eck jehn, der sich hier breitjemacht hat und jrad reisch wird mit dem Zeusch von Muddern.«

»Und Sie …«

»Isch will Ihnen wat sagen: Dat is seit vierzisch Jahren mein Revier für alte Möbel, und isch bleib bei meinem Interieur. Und wenn meine Schätze jar keiner mehr will wäge dieser bekloppten Modewelle, dann stell isch mir den Rest auch noch in meine Wohnung!«

Frieden stiftend lächele ich den kleinen Mann an und seufze für ihn.

Er setzt die Brille wieder auf.

»Liebelein, nix für unjut, aber dat musste ma raus!«

Nun guckt er wieder freundlich.

»Hat misch sehr jefreut, junge Dame. Und wenn Se wat Ordentlisches suchen, bin isch immer für Se da.«

Er wischt sich den Schweiß von der Stirn und geleitet mich durch die klingelnde Tür wieder nach draußen.

Ich gehe nun an Modeläden vorbei, die »Tausend fliegende Fische«, »Auf Wolke sieben« oder »Erdbeeren im Winter« heißen. Es ist also wieder in, seinem Laden einen phantasievollen poetischen Namen zu geben. Spätestens seitdem die einschlägigen Modeketten nicht nur in jeder deutschen Einkaufsstraße, sondern auch weltweit die Zentren großer Städte belagern, sind solche kleinen Läden sehr willkommen. Individualität versus Einheitsbrei.

Endlich habe ich wieder den Brüsseler Platz erreicht und schaue mich nach einem freien Platz in den umliegenden Kneipen um, aber an diesem spätsommerlich schönen Nachmittag sind schon alle Außentische besetzt. Darum gehe ich ins »Hallmackenreuther«, einer schicken Bar im Stil der Siebziger, die ihr Interieur wahrscheinlich vom »Tünnes« nebenan erstanden hat. Dort setze ich mich auf einen Barhocker, bestelle einen doppelten Espresso und beobachte die jungen Menschen um mich herum. Es ist gerade mal kurz vor fünf, aber schon gut gefüllt, die ersten Cocktails wandern über den Tresen. Arbeitet eigentlich auch noch jemand in diesem Land, außer den Barleuten? Sehen so vielleicht Homeoffice und Networking aus? Oder stimmt das Klischee vom Land der Fleißigen und Perfekten endgültig nicht mehr?

Vor mir liegen Werbezettel und Zeitungen. Aus Langeweile lese ich einen Beitrag aus einer älteren Ausgabe der *Kölnischen Rundschau*, den jemand mit einem dicken Filzstift umrandet hat. Wieder einmal hat ein Anwohner des Brüsseler Platzes geklagt, um eine garantierte Nachtruhe ab zweiundzwanzig Uhr und Alkoholverbot zu fordern, wogegen sich die Wirte und Gäste massiv zur Wehr setzen. Verständlich, denn dem nachzukommen wäre, als würde man von einem Schauspieler verlangen, bereits vor Ende der Vorstellung die Bühne zu verlassen.

Ein junger Mann mit an den Seiten sehr kurz geschnittenen Haaren und einer lang gewachsenen Tolle in der Mitte beugt sich herüber und liest mit. Ich lächele ihm zu und muss bei seinem Anblick an ein Foto denken, auf dem mein Vater mich als Baby auf dem Arm hält und genau die gleiche Frisur trägt. Das war 1961. Guck an, denke ich, nicht nur die Möbel aus der Zeit sind wieder gefragt, sondern sogar die Frisuren!

»Das is'n Witz, oder?«, sagt er zu mir.

Ich schüttele den Kopf und lächele.

Er deutet auf meine Zeitung. »Die können uns doch nicht unsern Treffpunkt nehmen!«

Die junge Bardame hinter der Theke nickt ihm zu. Sie hat ihre Haarpracht zur Hälfte abrasiert, auf der anderen Kopfseite trägt sie die dunkel gefärbte Mähne ziemlich lang bis über die Schulter. Das ist im wahrsten Sinne schräg. So viel Haarmut hatten die Frauen in den Sechzigern dann doch nicht. Jedenfalls nicht in meinem familiären Umfeld. Mutti trug Dutt oder eine mit Unmengen von Spray hochtoupierte Mähne, vorn mit einem Stirnband gehalten. Selbst bei Sturm bewegte sich nicht ein Haar aus ihrer Betonfrisur.

»Das ist kein Witz«, mischt sich eine dunkle Stimme hinter uns ein.

Ich drehe mich um und sehe in die gutmütig dreinblickenden braunen Augen eines älteren Herrn um die siebzig, der sich bei der Halbgeschorenen einen Kaffee bestellt. Er wendet sich dem jungen Mann zu.

»Wissen Sie, dass ich seit Jahren nicht mehr richtig schlafen kann? Wenn sich auf diesem Platz tausend Leute treffen, was an warmen Abenden wie heute der Fall ist, steigt der Geräuschpegel so stark, dass ich vor zwei Uhr kein Auge zukriege.«

Der mit der Haartolle hört ihm aufmerksam zu. »Das tut mir leid«, antwortet er. »Aber wissen Sie, Köln hat nicht so viele schöne Plätze. Gönnen Sie uns solche Treffpunkte. Sie gehören doch zu einem Leben in der Stadt dazu. Wir haben genau wie Sie das Recht, hier zu sein.«

Der grauhaarige Mann wird ernst und kneift ein wenig die Mundwinkel zusammen. »Und wir haben das Recht auf Nachtruhe.«

Die Kellnerin blickt entnervt zur Seite. »Dieser ewige Krieg«, murmelt sie. »Ich kann's nicht mehr hören.« Dann dreht sie sich doch zu dem alten Mann, schaut ihm ins Gesicht und spricht sehr entschlossen: »Kommen Sie zu uns runter, wenn Sie nicht schlafen können! In Spanien und Italien sitzen auch Alt und Jung zusammen. Ist doch schön, dass hier was los ist!«

Während sie redet, nickt er unablässig mit dem Kopf. »Ich will keinen Krieg«, sagt er ruhig. »Ich will nur ab Mitternacht schlafen können und am nächsten Tag nicht über Bierbüchsen stolpern. Wenn wir uns darauf einigen könnten …«

»Ich will Ihnen nicht zu nahe treten«, unterbricht mein junger Nachbar, »aber wenn Ihnen Ruhe so wichtig ist, warum wohnen Sie dann an einem Platz in der Innenstadt, der von Gastronomie umsäumt ist und es immer schon war? Warum ziehen Sie nicht in ein ruhiges Wohngebiet? Ich mach Ihnen einen Vorschlag: Tauschen Sie mit mir! Ich lebe in Köln-Ossendorf, da werden ab zwanzig Uhr die Bordsteine hochgeklappt. Da können Sie schlafen ohne Ende. Ich würde sehr gern hier wohnen.«

»Wollen Sie uns vertreiben?«, murrt der Mann. »Das ist *mein* Veedel. Ich wohne hier seit dreißig Jahren. Und hier bleibe ich auch.«

Genauso entschlossen, wie er spricht, nimmt er einen Riesenschluck aus seiner Kaffeetasse.

Hoffentlich eskaliert das hier nicht, denke ich. Wohnveedel oder Partyzone? Hier hat jeder berechtigte Ansprüche. Nur passen sie nicht unbedingt gut zusammen. Ich zahle meinen Espresso und murmele beschwichtigend in die Runde: »Warme Sommerabende wie diese gibt es ja nicht so viele im Jahr.«

Der grauhaarige Herr zeigt sich versöhnlicher. »Ja, ja«, sagt er. »Ich bin ja keiner, der Klagen schreibt.«

»Also waren Sie das nicht?«, fragt der junge Mann lachend und zeigt auf den Zeitungsbeitrag.

»Um Himmels willen! Nein! Ich sitze doch auch gern mal hier.«

Jemand tippt mir auf die Schulter. Amely. Na endlich.

»Ich bin 'n bisschen spät, tut mir leid«, entschuldigt sie sich. »Zum Glück hab ich dich hier eben zufällig gesehen.«

»War was?«, kommentiere ich ihren hektischen Eindruck.

»Erzähl ich gleich. Komm erst mal raus!«, bittet sie, und ich lasse mich von ihr auf den Platz ziehen, wo wir uns neben vielen anderen auf die Betonstufen unter die Platanen setzen. Das ist wirklich eine schöne Atmosphäre hier.

»Nun aber raus mit der Sprache!«, fordere ich sie auf. »Du tust so geheimnisvoll. Ein neuer Mann?«

»Pffff!« Amely guckt nach oben und schüttelt den Kopf. »Nein. Ich war die ganze Zeit in einem Tattoo-Studio.«

Mir entgleisen die Gesichtszüge. »Wie, du willst dir ein Tattoo machen lassen?«

»Mich fasziniert das. Ja, ich möchte endlich etwas an mir haben, das bleibt.«

Das verstehe ich. Aber muss dafür eines der wichtigsten Körperorgane herhalten?

»Warum guckst du jetzt so? Findest du albern, oder?«

»Amely, was ist los? Jakob bleibt dein Sohn auf immer und ewig und dein Job als Studienrätin auf Lebenszeit ja wohl auch. Habt ihr im Laden was geraucht?«

Amely versteht gerade keinen Spaß. »Nun lass mich doch einfach. Ich wollte schon immer eins haben.«

Sie holt ein paar Entwürfe aus der Handtasche. Als Motiv hat sie sich ein abstraktes geometrisches Muster ausgesucht, das sie sich auf die linke Schulter stechen lassen will.

»Ganz hübsch eigentlich, aber für mich wäre es ja gerade das Problem, dass es bleibt. Sorry, aber ich stell es mir gerade in zwanzig Jahren vor und höre eine Stimme sagen: Hallo, altes Mädel, das Gekritzel auf'm Arm is so vierzehn, stimmt's?«

Amely schaut genervt zur Seite, ich rede weiter:

»Überleg doch nur mal, wie wir uns heute über Arschgeweihe lustig machen. Die waren Neunziger. Zweitausend kamen Sterne am Fußgelenk und chinesische Schriftzeichen im Nacken, die keiner lesen kann und vielleicht ›Hallo, hier grüßt ein Vollpfosten!‹ heißen und …«

»Ich glaube, in Tattoo-Modefragen treffe ich mich gerade mit der Falschen«, unterbricht Amely.

Ich hebe hilflos die Hände. »Hast ja recht. Ist halt nicht so mein Ding. Aber was bleibt, bist immer du selbst.«

»Du denkst, ich hab eine Krise?«, fragt sie und stopft die Zettel zurück in ihre Tasche.

»Ist das so?«

Amely neigt den Kopf zur Seite und winkt ab. »Lass uns nach dem Dirndl gucken und reden«, schlägt sie schließlich vor.

Ich hake mich bei ihr unter, und wir bewegen uns in Richtung »Blutsgeschwister«, ein Modeladen keine zweihundert Meter von hier. Amely erzählt vom Ärger mit dem Schuldirektor, der ihr Vorwürfe wegen eines Raubdelikts macht, in das zwei ihrer Schüler verwickelt sind. Sie gehe zu lax mit ihnen um, hatte er behauptet, die jungen Leute bräuchten wieder mehr Ordnung, Disziplin und Härte.

»Wenn der so argumentiert, wachsen mir Pickel!«, sagt sie.

Plötzlich trifft mich ein Schwall Wasser. Amely ist auch klitschnass. Wo kam der denn her? Wir springen zur Seite und gucken nach oben.

»Eh, was soll das!«, schreit Amely empört.

Von unseren Haaren tropft es.

»Das passiert hier öfter«, sagt ein Mädchen aus einer Gruppe Jugendlicher, die vor der Bar gegenüber stehen und es beobachtet haben. »Das sind frustrierte Anwohner, die uns am liebsten aussperren würden. So eine Dusche habe ich sogar schon im Winter bei Minusgraden erlebt.«

»Ich wünsch Ihnen dreißig Jahre schlechten Sex!«, schreit Amely zu den Balkonen über uns hoch und wringt ihre langen braunen Haare aus.

»Wahrscheinlich haben die den längst«, kommentiert das Mädchen.

»Wasserbomben sind auch keine Lösung!«, rufe ich laut nach oben. »Aber Ossendorf! Ziehen Sie nach Ossendorf!«

Nebenan im Laden haben die Verkäuferinnen glücklicherweise einen Föhn für unsere nassen Haare und ein Dirndl, das Amely anprobiert.

»Guck mal, ich sehe aus wie meine Mutter!«, kreischt sie, als sie aus der Umkleidekabine kommt. »Das Kleid macht Schultern wie 'n Schrank und 'nen Hintern wie 'n Doppelsofa. Von wegen, ein Dirndl steht jeder Frau! Das trifft wahrscheinlich nur für die aus Bayern zu!«

Sie gibt es der Verkäuferin zurück. »Leider nix für mich.«

Wir treten wieder auf die Straße und blicken auf den belebten Platz. Hunderte junge Leute sitzen nicht nur vor den Kneipen, sondern ebenso viele stehen auf dem Platz, trinken Bier und reden.

»Ist wirklich wie im Süden hier«, sagt Amely.

Ja, wahrscheinlich haben wir uns von den vielen Reisen dorthin eine Prise dieses Lebensgefühls mitgebracht.

Ich drehe meinen Kopf Richtung Wasserbomben-Balkon und rufe sehr laut: »Versuchen Sie es mit Dreifachverglasung!«

Amely kommentiert das mit einem strafenden Blick. »Das ist typisch deutsch!«

»Nein, ich versuche einen Konsens. Das ist europäisch!«

Von Rentnern, Regen und Regalen

Wie es sich mit typisch deutschen Eigenschaften leben lässt

Typisch deutsch will keiner sein. Das sind immer die anderen. Die Rentnergruppe zum Beispiel, die mit mir im Zugabteil von Köln Richtung Hannover sitzt und in aller Herrgottsfrühe, nämlich kurz vor sieben, gut gelaunt hartgekochte Eier verteilt.

»Schön, so ham wir noch was vom Tach!«, freut sich die Dame mit Dutt am Tisch schräg gegenüber und fingert saure Gurken aus einem Gläschen.

»Ja, Morgenstund hat Gold im Mund«, antwortet der Opa daneben fröhlich und bietet Salamistullen zum Tausch.

»Und Blei im Arsch!«, relativiert sein Gegenüber, und als die Runde in Gelächter ausbricht, erkenne ich, dass das mit dem Gold im Mund bei ihnen nicht nur so dahergesagt ist.

Ich bin noch müde und würde gern ein Nickerchen halten, aber bei den Possenreißern um mich herum ist das schlecht möglich. Warum müssen die sich auch so früh zum

Ausflug durch die niedersächsischen Expo-Gärten auf den Weg machen? Es zwingt sie doch keiner, um fünf aufzustehen, warum tun die das? Weil ihr innerer Wecker ohnehin spätestens um sechs klingelt? Weil sie etwas schaffen wollen? Typisch deutsch.

Ich wünschte, sie hätten ihr Rentnerdasein noch ein wenig länger im Bett genossen, aus Rücksicht gegenüber morgenmuffligen und schlaftrunkenen Menschen wie mir, die notgedrungen diesen frühen Zug nehmen müssen, damit sie pünktlich um elf beim Pressebrunch im Theater in Berlin sind.

»Warum so früh?«, hatte ich Theaterleiterin Constanze gefragt, denn für diese Produktion müssen einige von uns von weit her anreisen.

»Zum Brunch kriegen wir halt die meisten Leute.«

Wie gut, dass ich keine Journalistin mehr bin, die sich die Jobs nach den Mahlzeiten einteilen muss.

Ich schaue aus dem Zugfenster. Draußen nieselt es; acht Grad, sagt mein Handy. Typisch deutsches Wetter für Mitte Oktober. Wie kann man an einem so grauen Regentag freiwillig einen Ausflug machen?, denke ich mit Blick auf die Seniorengruppe. Sie könnten doch einfach auf den nächsten Sonnentag warten. Frei haben sie ohnehin.

Die ganze letzte Woche zum Beispiel war schönstes Herbstwetter, ideal zum Wandern. Sie hätten sich mit ihren Handys, die sie aus Sicherheitsgründen alle bei sich tragen, falls der Herzschrittmacher mal Probleme macht, schnell zusammentelefonieren und von den Enkeln von heute auf morgen ein Online-Bahnticket buchen lassen können. Mit Platzkarten. Aber geplant ist geplant. Der Ausflug steht bestimmt seit April im Kalender und wird jetzt generalstabsmäßig durchgezogen. Komme, was da wolle. Ob Regen oder Schnee.

»Es gibt kein schlechtes Wetter«, höre ich auch schon von nebenan. »Hahaha … nur schlechte Kleidung.«

Ich weiß ja nicht. Mit Regencape und Gummistiefeln durch den Matsch laufen und an Blumenbeeten tropfende Herbstastern und Dahlien bestaunen stelle ich mir nicht so berauschend vor.

Bei dem Gedanken fröstelt es mich. Ich ziehe meine Lederjacke über, aber das ändert nichts. Es bleibt ungemütlich, ich finde es kälter als vorhin draußen. Vielleicht ist die Temperatur in diesem Großraumabteil immer noch auf die letzte warme Woche eingestellt?

»Keen Thema, kann ick wärmer machen«, bietet der Schaffner freundlich an, als ich ihn darauf anspreche. »Aber sonst is allet jut bei Ihnen?«, fragt er und schaut mich spitzbübisch an.

»Allet jut«, antworte ich. »Oder mache ich einen anderen Eindruck?«

»Uff keenen Fall, aber dit muss ick doch fragen. Ick will doch, dat Se sich bei mir wie zu Hause fühlen, wa?«

Das wäre fast ein bisschen zu viel des Guten, finde ich, muss aber seit Längerem feststellen, dass von unfreundlichen Zugbegleitern und schlechtem Service in deutschen Zügen wirklich keine Rede mehr sein kann.

Meine Rentnertruppe frühstückt ausgelassen und so reichlich, als wäre das ihre Henkersmahlzeit. Der Salami-Opa holt jetzt sogar ein paar Piccolos aus dem Rucksack. Daraufhin kramt die Dutt-Dame in Küchenrollen-Papier gewickelte Plastikkelche heraus, an die sie Stiele anschraubt. Was ist das denn? Reisesektgläser, erfahre ich. Oha! Hier sind Profis am Werk. Ob sie diese Ausstattung vorher per Protokoll festgelegt haben?

Sie hätten ja auch zusammen ins Bordrestaurant gehen können, das per Durchsage immer wieder zum Frühstück mit frischem Kaffee, Brot, Käse, Wurst und Rührei einlädt, typisch deutsch, oder französisch mit Croissants und Marmelade.

Die Rentner stoßen an und kichern aus lauter Übermut über jede Anekdote. Wie soll das erst werden, wenn der Sekt wirkt!

An Schlafen ist hier nicht zu denken. Ich hole meinen Laptop raus, und weil meine Steckdose nicht funktioniert, bietet mir die ältere Dame gegenüber, die für diesen Ausflug mit Wolfskin-Wanderhose und Windbreaker-Blouson professionell ausgestattet ist, ihre an. Sie rückt die Knie zur Seite, ich stöpsele ein und beginne zu tippen.

»Ach je«, sagt die rüstige Dame nun mitleidig und nippt dabei am Sekt, »müssen Sie selbst im Zug arbeiten?«

»Typisch deutsch«, kommentiert durchaus anerkennend mein Blei-im-Arsch-Nachbar.

Hallo, wer ist hier wohl typisch deutsch?, möchte ich fragen, bin aber im gleichen Moment verunsichert. Haben sie vielleicht sogar recht? Wer hackt hier kurz vor acht angestrengt auf seinem Computer herum, während sie überaus gut gelaunt in den verregneten Wandertag starten? Wieso gehe *ich* eigentlich nicht entspannt ins Bordrestaurant und lasse mich von netten Kellnern mit typisch deutschem Frühstück verwöhnen? Warum lese *ich* nicht gemütlich die Zeitung oder setze die Kopfhörer auf, um mich mit ein bisschen Musik in den Tag zu grooven? Nein, ich rege mich über das Wetter, die Rentner und die frühe Uhrzeit auf, denke aber von mir, wie wahnsinnig locker, weltmännisch und tolerant ich bin. Von wegen.

Der Blei-Opa hat indes mit dem Verweis auf meine Arbeitsdisziplin die Lanze für eine Diskussion über die große Weltlage gebrochen. Wenn die Deutschen nämlich nicht mehr arbeiten würden, sähe es ganz schlecht aus mit Europa, betont er, und die Dutt-Dame gegenüber weiß, dass uns die jungen Portugiesen, Spanier und Italiener bald alle Arbeitsplätze wegschnappen, genauso wie die Immobilien in Berlin. Was dann hier abginge, daran wolle sie gar nicht denken.

Ihre gerade ausgesprochene Sorge, wie es mit uns wohl weitergeht in diesem offenen Europa, mag ich ihnen nicht abnehmen, denn so gut ausgerüstet und pausbäckig gesund, wie sie ausschauen, haben sie mindestens noch zwanzig glückliche renten- und krankenversicherte Jahre vor sich – was ihnen von Herzen zu gönnen ist.

»Wenn nicht in ein paar Jahren alles zusammengebrochen ist«, orakelt mein Wolfskin-Gegenüber.

Womit wir bei der »German Angst« vor allem und nichts wären, die uns Nichtdeutsche so gern bescheinigen. Und das trotz Piccolo!

Ich verdrücke mich wegen der aufziehenden Weltuntergangsstimmung nun doch ins Bistro, bestelle einen Kaffee und versuche, mich zu entspannen. Der Kaffee ist bitter, zu bitter, und der Zug steht, warum auch immer, auf offener Strecke. Der spitzbübisch dreinblickende Schaffner von vorhin entschuldigt sich mit lakonischem Unterton für diese technisch bedingte Panne.

Wie: »Ditte tut uns leid!«? Warum schafft es die Deutsche Bahn einfach nicht, pünktlich zu sein? Ich werde zu spät kommen. Und wenn ich mich weiter so über unternehmungslustige Rentner, das bisschen Regen, technische Störungen und zu bitteren Kaffee aufrege, bin ich es, die bald Herzklabastern oder einen sauren Magen bekommt und die fröhliche Rentenzeit gar nicht erst erreichen wird. So viel zu *meiner* Untergangsstimmung heute Morgen. Ich übertreibe? Gut, das gehört zum deutschen Jammern dazu. Als Schauspielerin bin ich sowieso eine nicht zu toppende Sich-Hineinsteigerin, und überhaupt: Ich liebe das Drama.

Werde ich jetzt gar grüblerisch? Eine Eigenart, die ebenfalls gern als typisch deutsch bezeichnet wird: Alles herauskriegen, ergründen wollen, das Hin und Her abwägen – immer mit deutscher Gründlichkeit.

Soweit an Klischees etwas dran ist, frage ich mich, zu welcher Nationalität ich denn sonst passen würde? Vielleicht russisch, weil ich mich bei Ludmila Galinowa sieben Schuljahre lang darum mühte, den melodischen Singsang ihrer Muttersprache zu kopieren, und wie sie knallig farbige Kleider und Lippenstifte mag? Oder spanisch, weil ich Siesta zu halten eine wunderbare Sache finde? Oder etwa amerikanisch, weil ich Leichtigkeit im Small Talk zu schätzen gelernt habe? Aber sind denn die Russen, Südländer oder Amerikaner mit ihren Klischees wirklich besser dran?

Zeit, es einzusehen: Ich bin nicht im Land der Palmen und Zitronen groß geworden, sondern in dem der Brennnesseln und des Sauerkrauts. Aber nichts für ungut, Vitamin C ist auch in unserem Gemüse reichlich vorhanden, und Brennnesseln und Disteln, das kann ich aus meiner bergischen Heimat bestätigen, locken die schönsten Falter an.

Ist es denn überhaupt von Nachteil, typisch deutsche Eigenschaften zu haben? Was macht das Leben in unserem

Land aus? Wenn wir mal ehrlich sind, läuft es alles in allem gerade ganz gut von Ahrenshoop bis Zittau und international gesehen, nehmen wir eine beachtenswerte Position in vielen Bereichen ein.

Das gemeinschaftliche Leben hier beginnt in der Regel gut behütet im Kindergarten, dann gehen alle zur Schule, die meisten finden im Anschluss eine Ausbildung oder studieren, und danach haben viele eine Arbeit. Kranken-, Renten- und Arbeitslosenversicherungen sind Pflicht – soziale Errungenschaften, um die uns viele Länder sehr beneiden.

Es fehlt uns weder das Meer noch das Gebirge, wir haben Felder und Wiesen, Misch- und Tannenwälder, hübsche Dörfer und Städte, und unsere gemäßigten Breiten bescheren uns vier abwechslungsreiche Jahreszeiten. Wenn wir in der Ferne sind, wissen wir das alles oft zu schätzen.

Dieses Deutschland, das ich gerade mit dem ICE durchquere, ist mein Heimatland. Ich bin hier geboren, aufgewachsen und mittlerweile im Westen genauso zu Hause wie im Osten. Ich weiß, wie die Menschen auf beiden Seiten fühlen, denken und leben. Zwischentöne sind abgespeichert.

Ich bin deutsch – ohne ein Vaterlandsfanatiker zu sein. Das muss ich immer noch dazusagen und frage mich, ob Jüngere dieses Gefühl der Rechtfertigung auch kennen?

Uns alle eint die teilweise sehr unrühmliche Geschichte, eine hoch entwickelte Kultur und nicht zuletzt die deutsche Sprache. In ihr bewege ich mich wie in meinem Haus, selbstverständlich und sicher, und muss nicht darüber nachdenken, in welchem Stübchen ich welches Wort finde. Ich benutze es einfach. Begriffe sind mit all ihren Nuancen vorhanden; seit meiner Geburt sammle, horte und sortiere ich. Deutsche Wörter sind immer da, selbst wenn ich nicht den Mund aufmache, sie formen meine Gedanken und Träume.

Ich verstehe meine Landsleute, und sie verstehen mich. Den Witz, den ich auf der Bühne mache, muss ich nicht erklären.

So weit bin ich in einer fremden Sprache bislang nicht gekommen. Im Russischen sind die gelernten Vokabeln und Redewendungen unserer sowjetischen Revolutionsthemen wie durch ein Sieb zerronnen, der Rest reicht nur noch für die W-Fragen: Wer? Was? Wann? Wo?

Im Englischen kann ich mich flüssiger unterhalten und in anderen Ländern damit gut zurechtfinden, aber wenn das Gespräch über einen Small Talk hinausgeht, muss ich das Wörterbuch aus der Tasche holen.

Was für ein Irrsinn war es, mit solchen Voraussetzungen den englischen Comedyabend in London mit den grandiosen Komikerinnen von *Absolutely Fabulous* zu besuchen, wo es doch gerade beim Humor auf die feinen Schattierungen der Sprache ankommt! Das war nicht nur hinausgeworfenes Geld, sondern vor allem frustrierend. Alle Zuschauer lachten, ich verstand, wie man so schön sagt, nur Bahnhof.

Sprache bedeutet aber noch viel mehr, als nur ein Mittel zur Verständigung zu sein. Sie hat mit unseren Dichtern, Denkern und Philosophen die Kultur unseres Landes geformt. Und, nicht zu vergessen, sie bildet das Grundmuster für den Theaterteppich, auf dem auch ich mich bewege. Bei meinem ersten Vorsprechen rezitierte ich einen der berühmtesten Texte unserer Literatur: Gretchens Monolog aus Goethes *Faust*. Klassischer kann man nicht beginnen.

Aus alldem – Sprache, Geschichte, Traditionen, Klima und Kultur – hat sich wohl so etwas verallgemeinerndes, typisch Deutsches herausgeschält, dem man nur schwerlich entkommt. Es muss ja nicht der perfekt vorbereitete, generalstabsmäßig durchgezogene Regen-Wandertag sein, aber ein paar typische Eigenschaften finden sich wohl bei jedem.

Besonders bewusst werden sie einem meistens, wenn man mit Menschen aus anderen Ländern zusammen ist. Ich denke an meinen russischen Freund Sergeij, der mir neulich erstaunt dabei zusah, als ich mein Küchenregal an der Wand zu befestigen versuchte und dafür Leiter, Wasserwaage, Zollstock, Bleistift, Hammer, Haken und einen Stromprüfer zurechtlegte. Kurz entschlossen nahm er mir das Werkzeug aus der Hand. »Pättra, waas wiillst du maachen?«, fragte er verständnislos.

»Das Regal aufhängen.«

»Uund, dazu brauchst du Schubkarre voll Material?« Er deutete auf meine Utensilien.

Ich nickte.

»Wiillst du vorcher Zeichnung machen an Wand?«

Ich nickte erneut.

»Wiinkel von angelegte Leiter berechnen?«

»Hm.«

»Verlauf von Stromkabel prüfen und Plan von verlegte Wasserrohre durchgehen?«

»Ja, Sergeij.«

Er schüttelte den Kopf. »Sooo iist Deutscher! Uund zum Schluuss fällt dir Chammer auf Fuuß«, orakelte er, stieg auf die Leiter, und in Sekundenschnelle waren die Haken samt Regal an der Wand.

»Bisschen schief!«, bemängelte ich.

Daraufhin zog Sergeij einen Haken wieder raus und korrigierte die Schieflage, indem er ihn etwas tiefer einschlug. »Besser?«

»Toll, nun haben wir da ein Loch!«, kritisierte ich.

Sergeij blickte sich kurz in meiner Küche um, nahm den blau-weißen Krug aus der Vitrine und stellte ihn vor das Loch.

»Guut«, lobte er seine Idee.

»Sooo iist Russe!«, parodierte ich ihn. Er musste lachen und nickte zu seiner Bestätigung.

Ich denke gern an seine Besuche, besonders an die Partys, die er und seine Familie immer kräftig aufmischten.

Eines begriff er dabei überhaupt nicht. »Pättra, waruum diskutiert ihr ständig? Iist doch Parrty. Niicht Buundestag.«

Ich sah hinüber zu meinen deutschen Freunden, die in kleinen Grüppchen saßen und in Gespräche vertieft waren, während auf seiner Seite getanzt wurde und ein lautes Gewusel herrschte.

Er hob sein Wodkaglas: »Auf laanges Leben!«, rief er und trank den Inhalt mit einem Schluck. »Muusst du feiern!«, und er fing an, mich im Kreis zu drehen.

Ja, so ein Fest sollten wir mal wieder machen, denke ich beim Vorbeirauschen des Zuges an Laubwäldern und Stoppelfeldern, die die Regenkulisse zu einem grauen Brei vereint.

»Hicr sind Sie!«, ruft es plötzlich neben mir.

Vor mir steht die Wolfskin-Uniform und hält mir ein Handy vor die Nase. »Hier, damit's nicht noch geklaut wird! Wir steigen nämlich gleich aus. Das Ding hat immerzu geklingelt.«

»Mein Handy!« Ich bin verwirrt. »Danke. Äh, haben Sie mich gesucht?«

Sie winkt ab. »Schon in Ordnung. Ach, und ihre Tochter wird Sie nach der Probe abholen, sie meinte, dann hätten sie mehr Zeit füreinander.«

Ich fasse es nicht. »Sie sind an mein Telefon …?«

»Was sollten wir machen?«, unterbricht sie mich, »es hat einfach nicht aufgehört! Außerdem mussten wir ihrer Tochter doch stecken, wie einfach man Sie mit einer Rentnerinvasion in die Flucht schlagen kann. Hahaha … Na, schönes Arbeiten noch in Berlin!« Sie lacht laut weiter, und ehe mir eine Antwort einfällt, ist sie durch die Glastür verschwunden.

Ich weiß gar nicht, ob ich dankbar oder entrüstet sein soll. Sie hat Humor! Warum muss sie mein Bild von heute Morgen so durcheinanderbringen? Ist Selbstironie mittlerweile auch typisch für die Deutschen?

Gut, meine Kollegen und ich arbeiten fleißig daran.

Ich nehme den letzten Schluck Kaffee aus dem Pappbecher. Er wird nicht besser. Ich schüttele mich, stehe auf, bezahle und suche den Restmüllabfalleimer.

Wer wären wir ohne unsere Eigenschaften? Sollten wir nicht endlich getrost zu ihnen stehen? Entwicklungen und Veränderungen sind zum Glück mit inbegriffen. Und übrigens, woran sollten uns die Amerikaner, Spanier und Russen sonst erkennen!

Volkstheater en vogue

Warum wir uns Heimat inzwischen gern wieder ansehen

 Auf Humor und Heimat setzt das Berliner Prime-Time-Theater, in dem ich nun eine Zeit lang als Gastdarstellerin in *Liebe, Leid und alle meine Kleider* auftreten werde. Das ist ein Ausnahmestück auf dieser Bühne, sonst läuft hier die Theater-Sitcom *Gutes Wedding, schlechtes Wedding*. Natürlich mit monatlichen Fortsetzungen, so wie es sich für eine richtige Seifenoper gehört.

Ich gucke mir heute Abend eine Folge davon an. Am Eingang empfängt Theaterleiter Oliver als junger Türke mit Macho-Shirt und dicker Goldkette jeden Zuschauer und findet persönliche Worte als Willkommensgruß. Als er mich erblickt, blitzen seine Augen auf. »Peeetrra, chillst du krass? Trinkst du leckere Cocktail, bist du noch mehr ge-chillt, yeah! Bist du mein Gast! Sage isch willkommen, und fühlst du disch wie zu Hause hier, yeah!«

Im Theater wie in einer Familie aufgenommen zu wer-den passiert mir auch nicht alle Tage. Ich bestelle mir an der

Bar die »Kiezschlampe on the Rocks« und suche mir eine kuschelige Ecke auf einem Sofa, von denen hier im Foyer einige mit Sesseln und Couchtischen arrangiert sind, die aus deutschen Wohnzimmern der Achtziger zu stammen scheinen. An den Wänden hängen Theaterfotos und Plakate, das gedämpfte Licht verleiht allem eine schummrige Gemütlichkeit.

Als der dritte Gong ertönt, gehe ich in den Theatersaal. Die Zuschauer kreischen, als die Schauspieler die Bühne betreten. Offensichtlich kennen sehr viele hier den Dönertaxifahrer Ahmed, die Ex-Stasiagentin Heidemarie Schinkel, den Vokuhila tragenden Postboten Kalle oder die kleine Punkerin Ratte aus vorangegangenen Folgen – und aus ihren Berliner Kiezen.

»Nein, die große dicke Frau in dem Zelt tut euch nichts«, sagt Theresa aus dem Prenzlberg zu ihren verwöhnten Blagen über die türkische Kinderfrau, die in Burka die Bühne betritt und sofort die verkorksten Verhältnisse der überkandidelten Aromatherapeutin aufdeckt.

Hinter mir tuscheln türkische junge Frauen.

»Eh, isch lach misch kaputt, die heiß nisch nur wie unsere Tante Hülya, eh, die is auch so!«

»Voll!«

»Eh, woher kennen die die?«

Die vielen Gags sitzen, und das über den ganzen langen Abend. Als der Vorhang fällt, klatscht das Publikum begeistert und bittet die Schauspieler mit anhaltendem Applaus immer wieder heraus.

Ich beglückwünsche die Darsteller in der Garderobe zu ihrem Erfolg, der sicher nicht nur für diesen Abend gilt.

»Klar, jede Vorstellung ist anders, aber dafür, dass die

Luft so brennt wie heute, geben wir natürlich alles. Kennst du doch: Will man das Publikum erreichen, muss man das Herz aufmachen«, sagt Constanze Behrends, während sie sich aus dem Fatsuit ihrer liebenswerten Protagonistin Ulla mit der Nuschelstimme schält.

Constanze ist hier nicht nur Schauspielerin, sondern auch die Künstlerische Leiterin und hat das Theater zusammen mit Oliver Tautorat vor zehn Jahren gegründet. »Unsere Einladung, sich hier wie zu Hause zu fühlen, ist ja keine Floskel. Wir wollen für unsere Gäste wirklich eine Heimat sein. Die Berliner identifizieren sich doch sehr mit ihrer Stadt. Und wir sind ein Teil davon, nicht nur ein Abbild. Wenn du Zeit hast, erzähl ich dir gern ein wenig mehr über uns«, schlägt sie vor und lädt mich auf einen Sekt in die Bar ein.

Wir machen es uns auf den gemütlichen Oma-Sesseln bequem. Ich deute auf ein Foto hinter uns an der Wand, auf dem sie mit anderen Darstellern eine Auszeichnung entgegennimmt. »Ein neuer Preis?«

Constanze klemmt ihre wasserstoffblonden Haare hinters Ohr, schlägt ihre unendlich langen Beine übereinander und erzählt:

»Ja, das ist der Berliner Bär, der BZ-Kulturpreis. Haben wir in der Kategorie bestes junges Berliner Volkstheater bekommen, worauf wir echt stolz sind, denn da hat das Publikum abgestimmt, nicht irgendeine Jury. Bei der Dankesrede habe ich gesagt, dass mit uns zusammen eigentlich auch die anderen Nominierten wie der ›Heimathafen‹ und das ›Ballhaus Naunynstraße‹ gewonnen haben – und das war ernst gemeint. Denn ich bin so froh, dass die sich endlich mal an das Thema Volkstheater rangetraut haben. Lange Zeit war es unter jungen Leuten völlig

verpönt. Dazu fielen einem nur Heidi Kabel, Willy Millowitsch und Altherrenwitze ein. Aber so alt sind wir noch nicht, deshalb junges Volkstheater! Ich schreib die Texte und bin grad mal Anfang dreißig, wie die anderen auch. Klar, dass wir andere Themen und 'nen anderen Humor rüberbringen. Volkstheater bleibt es, weil wir alle ansprechen wollen, nicht nur die elitäre Bildungsbürgerschicht, sondern auch noch die restlichen fünfundneunzig Prozent. Also auch die, die sonst vielleicht nur Fernsehen oder Kino kennen.

Und ja, es funktioniert! Zu uns kommen wirklich alle: vom Studenten bis zur Putzfrau, vom Migranten bis zum Doktor, Menschen aus allen Einkommens- und Bildungsschichten, sogar Familien in mehreren Generationen. Wir decken ein breites Spektrum ab.

Das Entscheidende ist, dass sich das Publikum mit den Geschichten und Figuren identifizieren kann, dass wir die Probleme aufgreifen, mit denen es sich gerade rumschlägt. Die Menschen erkennen sich wieder, ihre Sehnsüchte und Wünsche werden besprochen.

Es ist ja wirklich so: Wir wollen ganz nah an ihrem Leben dran sein, nur so können wir als Kieztheater zu einem Teil ihrer Heimat in dieser Metropole werden. Heimat bedeutet doch, sich mit dem Konkreten, dem Kleinen zu verbinden, oder?

Dreißig Prozent unserer Gäste kommen hier aus dem Wedding. Es war uns von Anfang an wichtig, dass sie sich bei uns wiederfinden. Der Kiez hat nicht den besten Ruf, er wird ein bisschen als Ghetto von Berlin gesehen. Jetzt wandelt es sich langsam, die Gentrifizierung macht auch hier nicht halt. Aber als wir vor zehn Jahren angefangen haben, war das für manche noch eine No-go-Area. Da hieß es noch: ›Oh Constanze, um Himmels willen, du bist im Wedding gelandet? Versteht man *dich da überhaupt? Traust du dich denn da nachts um halb zwölf noch allein auf die Straße? Brauchst du da nicht 'ne Knarre?‹ ›Nein, es wohnt sich gut hier‹, habe ich geantwortet. ›Ich mag den Wedding.‹*

Es ging uns von Anfang an darum, das Image dieser Gegend mithilfe des Theaters zu stärken und den Menschen ein neues Selbstbewusstsein zu geben. Wir haben den Spieß einfach umgedreht und gesagt: Nee, nee, die Weddinger sind cool, aber schaut mal nach nebenan in den Prenzlauer Berg, da, wo ihr alle hinwollt, da gibt es die Prenzlwichser! Wir haben die Figur des Designerbrille tragenden Klugscheißers und die Bionade trinkende Aromatherapeutin Theresa erfunden. Klar kriegen die aus 'm Wedding auch ihr Fett weg. Schräge Typen gibt es überall.

Was für eine Kraft vom Theater ausgehen kann, haben wir vor allem in unseren Anfangsjahren erfahren. Im Rahmen eines sozialen Förderprogramms veranstalteten wir hier einmal die Woche Theater mit Jugendlichen. Das war ganz toll, weil die plötzlich so stolz waren und ihren Freunden sagten: ›Hey, ich bin hier im Wedding, ich mach Theater, kannst mal gucken kommen!‹ Die Bude war voll mit ihren Freunden und Familien. Die haben sich sogar T-Shirts gedruckt mit ›Hallo, ich bin Weddinger‹ und ›Ich find den Wedding cool‹. Dass man mit Theater so ein neues Ich-Gefühl, so eine Identifikation pushen kann, war für mich eine neue Erfahrung.

Ich bin ja ursprünglich gar keine Berlinerin. Ich komme aus Sachsen-Anhalt. Da wollte ich immer weg, was ich auch gleich gemacht habe, als ich achtzehn wurde. Seitdem lebe ich hier. Und der Berliner meint ja, wenn du sieben Jahre in Berlin bist, darfste ›Icke‹ sagen. Und ›icke‹ halte jetzt mal die Fahne für den Wedding hoch!

Alle Figuren, die ich erfunden habe, fußen auf Berliner Ori-

ginalen. Ahmed hat Ähnlichkeit mit dem viel jüngeren Türken, der direkt neben dem Theater seine Dönerbude hatte. Postbote Kalle ist der Inbegriff der Berliner Schnauze, der kein Blatt vor den Mund nimmt und vor dem die Touristen schon mal Reißaus nehmen. Frau Schinkel aus der Arbeitsagentur kommt aus dem Osten und hat eine verkorkste Stasivergangenheit.

Solche Charaktere entwickele ich natürlich nicht nach wissenschaftlichen Methoden oder mit starrem Blick durch das Loch einer Zeitung im Café. Nein, die Inspiration kommt automatisch. Ich gehe auf die Straße, beobachte die Leute und höre ihnen zu. Ich lebe doch hier, kriege alles mit, schnappe den türkischdeutschen Slang auf, den die Jugendlichen reden, und sehe, wie sie miteinander umgehen. Das habe ich verinnerlicht.

Natürlich überzeichnen wir, damit wir übereinander lachen können. Lachen verbindet schließlich und macht wahre Integration möglich!

Es steckt immer viel Wahrheit in den Charakteren. Das macht sie glaubwürdig. Und durch die monatlichen Fortsetzungen darf jede Figur Entwicklungen durchlaufen. Das macht sie vielschichtig. Dadurch wird es nicht langweilig.

Selbstverständlich übernehme ich Dinge, die im Wedding passieren, nicht eins zu eins, sondern mische Beobachtungen und Fragmente zu einer Geschichte. Wahrscheinlich würde ich ganz andere Sachen erzählen, wenn ich nicht hier leben würde. Einmal war es andersherum. In Folge sieben spielten wir eine Geiselnahme auf dem Arbeitsamt: Mahmud, ein junger Türke, fühlt sich gezwungen, die unerbittliche Arbeitsagentin Schinkel als Geisel zu nehmen, um seinen Job zurückzubekommen – kurze Zeit später gab es wirklich eine Geiselnahme auf dem Arbeitsamt. Ich hoffe, wir haben niemanden inspiriert.

Das Theater ist ja auch meine Heimat. Mein Alltag ist mit

ihm verwoben. Die Menschen, die mit mir hier arbeiten, und die Gäste haben mich geprägt. An ihnen bin ich gewachsen, durfte mich weiterentwickeln, sowohl künstlerisch als auch menschlich. Das ist mein Leben hier. Und in den zehn Jahren hat sich viel getan. Wir sind von einer kleinen Spielstätte in dieses dafür umgebaute schicke Haus mit den zweihundertdreißig Plätzen gezogen. Wir haben an der Gestaltung der Räume ebenso mitgewirkt wie an den Namen der Cocktailsorten und den Menüs in der Theaterkantine nebenan.

Meine Tochter ist hier während der Proben über die Bühne gekrabbelt. Einen Tag bevor ich sie bekommen hab, saß ich noch im Publikum. Ich wusste, okay, morgen früh um zehn kriegst du per Kaiserschnitt dein Kind, aber jetzt schaust du noch, was die Kollegen auf der Bühne machen. Sie ist in einem Weddinger Krankenhaus zur Welt gekommen. Das war uns wichtig. Sie ist Weddingerin.

Ich habe auch hier geheiratet. Der Witz ist: Wedding als Kiez heißt ja wie die englische Übersetzung von Hochzeit: wedding. Aber es gibt hier kein Standesamt. Wir sollten in Berlin-Mitte heiraten. Nee, hab ich da gesagt, ich geh doch nicht nach Mitte! So haben wir die Standesbeamtin ins Theater geholt und uns hier trauen lassen. Das war ein Ding. Die Zuschauer haben uns noch monatelang Geschenke mitgebracht, die Anteilnahme war riesig.

Zu vielen habe ich eine persönliche Beziehung, die mir ganz wichtig ist. Wir haben ja viele Stammgäste, die jede Folge gucken. Die sind so dabei, die identifizieren sich so mit dem Theater. Alle vier Wochen wollen sie erleben, wie es mit ihren geliebten Figuren weitergeht.

Unser Theater bekommt übrigens keinen einzigen Cent Förderung aus öffentlicher Hand. Alles, was wir investieren, müssen wir einspielen. Dieses Jahr war das Geld ziemlich knapp, so dass *für unser Team nur eine kurze Sommerpause von gerade mal zwei Wochen drin war. Und auch die konnten wir uns nur leisten, weil einige unserer Gäste mit Sponsorengeldern aushalfen und die Folge 85 finanzierten. Dafür bin ich ihnen sehr dankbar. Mehr Verbundenheit zwischen Theater und Zuschauern geht nicht, oder? Unsere Beziehung beruht wirklich auf Gegenseitigkeit. Das macht mich glücklich.*

Ja, Heimat geht eben ins Blut. Sie sitzt ganz tief drin. Bei mir ist hier alles auf Liebe gebaut.«

Constanze hält inne, nimmt einen Schluck und lächelt. »Bin selbst gespannt, wohin sich das alles entwickelt. Weil unser Konzept so gut funktioniert, wurde ich jetzt gebeten, es auf das Theater Freudenhaus im Ruhrgebiet zu übertragen. Dort heißt es dann *Gutes Essen, schlechtes Essen.*«

»Schönes Wortspiel!«

Unsere Gläser klirren. »Auf dass es funktioniert!«

Identifikation können die Ruhrpottler in dieser schwierigen Phase wirtschaftlicher Umstrukturierung bestimmt ziemlich gut gebrauchen. Wissen tun sie es ja längst: Ihre Heimat ist mehr als die Kohle und das Malochen.

Nun freue ich mich aber erst einmal auf meine Zeit in Berlin, denn bestimmt werde ich mich nicht nur am Theater wie zu Hause fühlen, sondern auch bei meiner Tochter Anna. So findet mein »Heimattheater« hier gleich an zwei Spielstätten statt – was könnte es Schöneres geben.

Ich brauch endlich ein Zuhause!

Warum Mobilität Segen oder Fluch sein kann

Nur noch wenige Minuten, dann werden sich die Mandelblättchen in der Pfanne goldbraun färben und können über den Brokkoli gestreut werden. Um sie zu wenden, suche ich in Annas WG-Küche nach einem Holzlöffel. In den Schubladen finde ich keinen, am Regal neben den hängenden Kellen und Bratschiebern auch nicht, aber halt, hier neben der Spüle im Abtropfgefäß steckt einer. Das Holz ist noch nass. Vorsichtig rühre ich in der Pfanne, dabei fällt mein Blick auf die gepackten Koffer neben der Tür, und mich überkommt leichte Wehmut. Es ist mein vorläufig letzter Tag bei Anna in Berlin.

Wie schnell diese vier Wochen vergangen sind. Und ja, es war schön. Das Theaterspielen mit Constanze und den vier anderen Darstellerinnen hat wunderbar geklappt. Unser Stück wurde von Publikum und Presse mit großem Interesse aufgenommen und kam gut an.

In meiner freien Zeit konnte ich viele Stunden mit Anna verbringen. Ich habe sogar ein paar Tage drangehängt, um noch ein wenig länger bei ihr zu sein, bevor ich mich wieder auf die Heimreise ins Rheinland begebe.

Anna und ich haben eine Menge unternommen, waren im Pergamonmuseum, beim Jazzabend im Keller der Musikhochschule, in der Sauna und natürlich in einigen von Annas Kalender-Empfehlungen, wie dem »St. Oberholz«, dem »Heimathafen« und in den »Schwarzwaldstuben«. Letztendlich sind das natürlich auch keine Orte, die zwangsläufig mehr Heimatgefühl spenden als andere, aber wenn dort die richtigen Menschen zusammenkommen – in diesem Fall wir zwei –, erhalten sie eine Bedeutung. Im Kern geht es ja immer um das Zusammensein. Da ist es auch schön, nebeneinander auf der Couch zu liegen und zu reden.

Ich habe ein bisschen in Annas neuen Berliner Alltag geschnuppert, weiß, wo sie am liebsten sitzt, wenn sie in der Wohnung telefoniert, kenne ihren Fahrradweg zur Arbeit, den Stamm-Supermarkt, ihr Lieblingscafé, habe sie mit ihrem Freund Lukas erlebt und mit ihren Freundinnen. Nun kann ich sie beruhigt zurücklassen. Sie ist gut aufgehoben und managt ihren Alltag, so wie es richtig für sie ist.

Ich steche mit der Gabel in die Kartoffeln, sie brechen weich auseinander, die Mandeln haben die gewünschte Farbe angenommen, der Brokkoli ist lange durch und der Tofu knusprig von allen Seiten angebraten. Ein veganes Essen. Vegetarierin ist Anna schon seit drei Jahren, nun aber gibt es für sie auch keine Milch- und Eierprodukte mehr.

»Mama, ich muss nur an die Kühe auf den bergischen Wiesen neben unserem Haus denken«, hat sie mir gestanden. »Du weißt doch, wie die tagelang schreien, wenn ihnen die Kälbchen gleich nach der Geburt weggenommen werden, damit sie sofort wieder gemolken werden können. Nein, ich will nicht, dass ein Tier für mich leidet.«

Dazu kann es führen, wenn man auf dem Land groß geworden ist!

»Trügerische Idylle«, sagt Anna.

Von ihr kann ich lernen, konsequent zu sein. Vegan kochen ist schon mal kein Problem. Das Essen ist fertig, und ich höre, wie sie die knarzige Holztreppe heraufsteigt und die alte Wohnungstür öffnet. Für einen Moment fühle ich mich in die Zeit zurückversetzt, als sie von der Schule nach Hause kam und ich, wenn ich nicht gerade unterwegs war, mit dem Mittagessen auf sie wartete. Essen und den Tag bequatschen. Das war immer unsere Stunde. Schön, solche Rituale.

»Mhmm, es riecht nach Essen!«, ruft sie und wirft ihre Umhängetasche Richtung Garderobenecke.

»Das hast du schon früher immer mit deiner Schultasche gemacht«, sage ich.

»Was?«

»Sie in die Ecke gepfeffert.«

Sie nickt, kommt in die Küche, nimmt einen Topfdeckel nach dem anderen hoch und schnuppert.

»Das habe ich auch schon immer gemacht, oder?«, fragt sie.

»Oh ja!«, bestätige ich.

»Und als ich kleiner war und noch nicht in die Schule ging, habe ich mir sogar einen Stuhl an den Herd gezogen, um in die Töpfe gucken zu können, stimmt's?«

»Ja? Das weiß ich gar nicht mehr so genau.«

»Mama, kannst du dich nicht erinnern? Davon gibt es doch sogar ein Foto im Familienalbum!«

Ich zucke ahnungslos mit den Schultern, denn ich sehe es nicht vor mir.

»Zeig ich dir beim nächsten Besuch. Und dann hast du immer gesagt: ›Weg vom Herd! Da haben Kinder nichts zu suchen. Oder willst du dir die Finger verbrennen?‹« Sie hebt dabei den Zeigefinger und ahmt meine mütterliche Fürsorge nach.

»Aber so blöd hab ich dabei nicht geguckt, oder?«

»Doch, genau so«, wiederholt sie, und wir lachen beide.

»Schmeckt lecker, besonders mit den Mandeln obendrauf. Schön, dass du gekocht hast«, lobt sie beim Probieren. »Könntest du jeden Tag machen!«

»Na, das würde dir schnell auf den Keks gehen!«

Wir setzen uns, und sie schaufelt die Brokkoliröschen in sich hinein. »Müssen wir hetzen?«

Ich schaue zur roten Küchenuhr an der Wand neben dem schmalen Fenster zum Innenhof. Es ist kurz nach sechzehn Uhr. »Nein, gar nicht, der Flieger geht erst um sieben.«

Trotzdem ist es, als hätte sie den Startschuss dafür gegeben, ab jetzt alle naselang auf die Uhr zu schauen. Halb fünf: Tisch abräumen.

»Lass mal den Abwasch, so habe ich noch was von dir hier«, meint Anna und stapelt unsere Teller in dem bereits mit schmutzigem Geschirr angefüllten Spülbecken.

Kurz vor fünf machen wir uns auf den Weg. Anna zieht meinen schweren Rollkoffer über das Kopfsteinpflaster Richtung U-Bahn-Haltestelle. Ich werfe einen letzten Blick auf den Fernsehturm, der zwischen den Häuserschluchten des Prenzlauer Bergs emporragt.

Er ist mein Wahrzeichen für diese Stadt, seit ich vierzehn bin. Auf dem obligatorischen Schulausflug zur Jugendweihe, den alle Landeier der DDR in die Hauptstadt unternahmen, besuchte ich ihn damals das erste Mal.

»Ja, staunt nur«, sagte Lehrer Senne, als wir von der Warteschlange am Alex zu seiner Kugel hinaufblickten, »ein weiteres Beispiel dafür, dass der Sozialismus dem Kapitalismus weit überlegen ist. Ein höheres Gebäude gibt's nicht mal im Westen!«

Was heißt denn dann »nicht mal«, dachte ich.

Von der Aussichtsplattform aus konnten wir Berlin und Umgebung von oben sehen und auch die Mauer, die die Stadt teilte. Die Kulisse der uns verbotenen Welt dahinter, der wir so weit voraus sein sollten, die wir aber nicht kennenlernen durften, umwehte etwas Geheimnisvolles. Alles, was wir damals so begehrten, wie Bluejeans, Beatmusik und Blasenkaugummi, kam aus dieser Welt. Wenn man die Augen zusammenkniff und seinen Kopf schnell von links nach rechts drehte, sah man keine Mauer mehr, nur noch eine gigantische Stadt. Ich war fasziniert.

Mitte der Achtziger versuchte ich hier sesshaft zu werden und habe mitgeholfen, eine Wohnung in einem der vielen leer stehenden Häuser zu renovieren. Doch kurz nachdem sie für den Einzug fertig war, brachte die Postbotin die Nachricht von der endlich genehmigten Ausreise in den Westen Deutschlands. So bin ich ins Rheinland gekommen – und geblieben.

Aber in einer Ecke meines Herzens habe ich einen besonderen Platz für Berlin reserviert – sozusagen als Sehnsuchtsort –, und den genieße ich bei den Besuchen bei Anna und bei Arbeitsaufenthalten zumindest häppchenweise. Berlin als Praline. Amely meint sogar, das wäre die eigentliche Bestimmung der Stadt für mich. Vielleicht hat sie recht, und es würde mir gar nicht gefallen, immer hier zu leben.

Wir erreichen die U-Bahn-Station Schönhauser Allee. Ein bisschen versteckt unter der Treppe hat jemand einen kleinen Klapptisch aufgebaut und bietet dort einen Haufen Fellmützen zum Verkauf an – ein Schild zeigt, dass er fünfundzwanzig Euro für eine will. Anna zieht meinen Koffer in seine Richtung, und kaum hat sie ihn neben dem Tisch abgestellt, hat sie auch schon eine der Mützen auf dem Kopf. Es ist eine russische Tschapka, die man an den Ohren herunterklappen und unter dem Kinn zusammenbinden kann.

»Die hält schön warm!«, schwärmt sie und murmelt dann etwas von dem Novemberwind, der an dieser Stelle besonders eisig durchzieht. Mit der Hand betastet sie die Mütze. »Hm, echtes Fell.« Sie wendet sich an den Mann, der danebensteht und eine verschlissene russische Uniformjacke trägt. »Haben Sie die auch in Synthetik?«

»Nix Synthetik!«, antwortet der Russe und schüttelt heftig den Kopf. »Nuur eecht Fell.« Stolz klopft er auf seinen Mützenberg: »Iist von Chaase, Waaschbär uund Fuuchs!«

»Das meine ich ja«, betont Anna und zieht ihre wieder vom Kopf.

»Wie? Gefällt niicht? Waruum? Iist schön. Nuur biischen aalt.«

Der Russe schaut verunsichert und wendet einige der Kopfbedeckungen, um zu zeigen, wie wenig sie getragen wurden. An manchen steckt vorn ein roter Stern als Abzeichen, so wie es die sowjetischen Soldaten, die in der Nähe meines Heimatdorfes stationiert waren, oft trugen.

Ich hatte schon mal so eine echte russische Tschapka. Mein Vater hatte sie mir von seiner Reise aus Moskau mitgebracht. Sie war aus hellbraun geflecktem Hasenfell und schön kuschelig, aber ich mochte sie damals nicht besonders gern tragen. Ich weiß nicht mehr, ob es daran lag, dass bei meinen Freunden alles, was aus dem Osten kam, als altmodisch galt, oder daran, dass Mutti permanent darauf bestand, ich solle die Mütze aufsetzen, obwohl sie viel zu groß war und mir immer über die Stirn auf die Nase rutschte.

»Dann wären die Tschapkas ja über fünfundzwanzig Jahre alt«, überlege ich und schaue rüber zu Anna. Doch die wendet sich zum Weitergehen. »Komm, Mama!«

Ich weiß nicht, ob es ein Anflug von Ostalgie ist, der mich gerade anweht, ich hole jedenfalls die fünfundzwanzig Euro aus meinem Portemonnaie und drücke sie dem Mann in die Hand, der mich jetzt glücklich anlächelt. Mit der Pelzmütze auf dem Kopf laufe ich Anna hinterher und erzähle ihr von meiner Erinnerung.

»Na, wenn das so ist«, sagt sie. »Nicht dass du wieder in so eine Falle tappst wie mit der Schlagersüßtafel neulich.«

Beim Einkaufen im Supermarkt hatte ich in einer Ecke so eine neben anderen ehemaligen, wiederaufgelegten Produkten aus der DDR entdeckt und wollte ihr zeigen, dass man damals sogar ohne Kakao Schokolade gemacht hat mit einem sehr eigenen Geschmack. Als wir aber ein Stück davon probierten, war es ganz normale Vollmilchschokolade.

»Das ist ja Beschiss!«, schimpfte ich.

Die U-Bahn fährt ein, kaum dass wir am Bahnsteig angekommen sind. Wir müssen uns verabschieden.

»Bis bald, Mama!«, ruft meine Tochter. Ich sehe sie winken, bis die Bahn um die Kurve biegt.

Bald ist Weihnachten, denke ich. Da sehen wir uns wieder.

Im Flughafen schlendere ich durch die Verkaufsräume, die schon weihnachtlich geschmückt sind – es sind ja auch nur noch fünf Wochen bis zu den Feiertagen. Zum ersten Mal habe ich mich dieses Jahr über den verfrühten Weihnachtskonsum geärgert, als ich bereits im September in einem Supermarkt Lebkuchen, Spekulatius und Stollen entdeckte. Jetzt geht dieser Irrsinn wieder los, dachte ich.

Ich steuere mein Gate an und setze mich neben einen jungen Mann im Anzug, der angestrengt auf den Bildschirm seines Laptops starrt.

Nach und nach füllt sich die Halle, die Boarding-Zeit ist mittlerweile erreicht. Der Mann neben mir blickt alle paar Sekunden abwechselnd auf seine Uhr und die Anzeige über dem noch unbesetzten Schalter. Unruhig rutscht er auf dem Schalensessel hin und her.

»Bitte keine Verspätung«, raunt er.

»Müssen Sie noch weiter?«, frage ich.

Er blickt mich an und kraust die Stirn. »Nein, ich will endlich nach Hause, ich habe …«

Eine Lautsprecherstimme unterbricht ihn: »Wegen Turbulenzen im Luftraum über Berlin und aufziehender Gewitter müssen wir den Flug nach Köln um eine Stunde verschieben. Wir bitten alle Reisenden …«

»Das darf doch nicht wahr sein! Nein!« Er schlägt vor Wut den Laptop auf seine Knie.

»Mist!«, stimme ich ihm zu. »Das ist wirklich blöd.«

»Blöd?«, wiederholt er und schaut mich mit aufgerissenen Augen an. »Scheiße ist das. Ich will nach Hause!« Er klappt seinen Computer zu und es macht fast den Eindruck, als fiele er mit dieser Geste ebenfalls in sich zusammen. »Ich dachte, die Verbindung Berlin–Köln wäre besser als von Leipzig nach Köln, und jetzt sitze ich schon wieder fest. Wir haben ein kleines Kind«, murmelt er, stöhnt und vergräbt seinen Kopf in den Händen.

Ich kann ihn gut verstehen und nicke ihm zu.

»Hatten Sie schon mal 'ne Fernbeziehung?«, fragt er, kommt wieder hoch und guckt mich an.

Ich schüttele den Kopf.

»Dann seien Sie froh. Ich pendele seit fünf Jahren. Jetzt von Berlin, vorher von Leipzig, Madrid und Stockholm und was weiß ich, von wo noch überall.«

»Können Sie sich auf keinen gemeinsamen Ort einigen?«, frage ich und schäme mich gleichzeitig, weil ich fürchte, dass ich mit dieser Frage wohl zu persönlich geworden bin.

Der junge Mann lockert erschöpft seine Krawatte: »Das gehört zu meinem Job, alle paar Monate an einem anderen Ort. Von einem Hotel ins andere.« Er atmet tief durch. »Glauben Sie mir, ich kenne die Zimmer in diesen Hotelketten besser als unsere Kölner Wohnung. Sie sehen auf der ganzen Welt gleich aus und versprechen so was Vertrautes. Wie der Burger bei McDonalds. Der schmeckt auch überall gleich beschissen.«

Seine blauen, fast durchsichtigen Augen zucken, als hätte er sich selbst über seine Ausdrucksweise erschrocken. Sein Ton wird wieder sanfter. »So geht das nicht. So habe ich mir mein Leben nicht vorgestellt. Ich brauch endlich mein Zuhause. Ich brauch meine Familie. Nicht nur von Freitag- bis Sonntagabend.« Er winkt ab. »Wenn's gut geht. Manchmal sehe ich sie drei Wochen nicht. Jetzt zähle ich schon die Tage bis zu meinem Weihnachtsurlaub.«

Unvermittelt steht er auf und legt seinen Computer und die schwarze Aktentasche auf den Sitz: »Wären Sie so nett und würden kurz darauf aufpassen?«

Noch ehe ich ihm antworten kann, tippt er etwas in sein Handy, läuft los und kommt eine halbe Stunde später mit einer großen Weihnachtsherzschachtel aus Metall wieder, die er auf seine Knie legt und so fest mit beiden Händen umklammert, als wäre sie sein einziger Halt.

Jetzt weiß ich endlich, wofür sie dieses Zeugs schon ab September im Angebot haben.

Schwarzbraun ist der Haselnusskuchen

Wozu wir Rituale brauchen und warum wir sie ändern können

»Weihnachten ohne euch geht nicht«, hat Christoph gesagt, und da musste ich ihm eindeutig zustimmen. Seit Jahren feiern wir dieses traditionelle Fest außer mit unseren Familien immer auch mit den Bewohnern unserer bergischen Hofgemeinschaft. Dieses Mal werden wenigstens er, seine Frau Nicole und ihr Sohn Tim aus dem festen Gespann meiner Freunde bei mir sein.

Der Heilige Abend beginnt mit einem heimeligen Morgen, und den verbringe ich mit meiner Mutter, Anna und ihrem Freund Lukas, die schon gestern angereist sind, am Frühstückstisch. Während Anna ihr Avocadobrot isst, blättert sie in der Tageszeitung.

»Hört mal, es gibt auch Festverweigerer.« Sie liest vor: »»So ein unehrlicher Rummel! Dieses Jahr klinke ich mich endlich aus. An Jesus' Geburt glaube ich nicht, und den kommerziellen Irrsinn mache ich nicht mehr mit …‹.«

»Habe ich auch schon mal versucht«, meint Lukas, während er Brot aufschneidet. »Das Problem ist nur, was macht man stattdessen? Seine Steuererklärung?«

»Stelle ich mir schrecklich vor«, findet Anna. »Alle Welt um dich herum feiert, und du sitzt allein zu Hause. Na, Hilfe! Da kriegst du doch 'ne Depression!«

Lukas verteilt die Brotscheiben. »Wenn du in der Zeit Urlaub in Asien machst, geht's. Dort merkst du nichts davon. Aber deshalb jedes Jahr 'ne Fernreise buchen?«

»Hat der keine Freunde oder Familie?«, fragt meine Mutter. »Wenn man sonst füreinander da ist, feiert man doch auch gern zusammen.«

»Sollte man hoffen«, antworte ich und frage dann in die Runde: »Wie machen wir es denn heute, so wie immer, oder gibt es andere Pläne?«

»Ich bestehe auf unseren Waldspaziergang vor dem Essen«, sagt Anna und legt die Zeitung beiseite. »Aber vorher haben wir echt zu tun. Tanne aus dem Wald holen, schmücken, kochen, Tisch decken, bevor die Gäste kommen und es zum gemütlichen Teil übergeht: Festtagsschmaus, Musik machen, Geschenke überreichen, Party! Yeah! Hoffentlich tanzen wir wieder!«

Lukas gießt Kaffee nach. »Hört sich ja gut an.«

»Ja, das machen wir immer so«, höre ich mich sagen.

Diesen Satz hasse ich eigentlich über alle Maßen, besonders wenn er bei der Arbeit von Theater-Hausmeistern oder Senderedakteuren vorgetragen wird. Aber wenn mir etwas zu Weihnachten heilig ist, dann dieser Ablauf. Rituale stärken schließlich den Zusammenhalt und geben allen das Gefühl, zur Familien- oder sonstigen Bande dazuzugehören.

»Wie, aber doch wohl nicht in der DDR?«, hakt Lukas

nach. »Ich dachte, da gab es noch nicht mal Adventskränze, sondern nur den – wie hieß er noch? – Jahresendzeitschmuck mit Flügelpuppen oder so«, sagt er und grinst.

»He!«, entgegnet Mutti. »Wir haben eben nicht auf Weihnachten verzichtet, bloß weil wir es nicht so mit der Kirche hatten. Es war bei uns trotzdem das Fest des Jahres, nämlich das der Familie, wie es das bei den meisten heute auch ist. Da entwickelt man halt eigene Rituale, stimmt's Peti?«

»Oh ja!«, das kann ich bestätigen.

Mutti musste, wenn der 24. auf einen Werktag fiel, noch bis mittags im Konsum arbeiten. Danach wurde es meistens sehr hektisch in unserem Haus. Der Tannenbaum, den Vati irgendwo in letzter Minute unter der Hand besorgt hatte, wurde aufgestellt, und wir mussten erkennen, wie mickrig er wieder mal aussah.

»So eine Krücke möchte ich nicht in unserer Wohnstube!«, entrüstete sich Mutti, die nach dem anstrengenden Verkaufstag gut ein paar Stunden Ruhe hätte gebrauchen können.

»Nun warte doch mal ab. Da kann man noch was machen!«, beschwichtigte mein Vater sie, holte Säge und Bohrer und durchlöcherte den Stamm, um darin zusätzliche Tannenzweige, die er vorsorglich aus dem Wald mitgebracht hatte, hineinzustecken und mit Draht festzubinden. Unsere Wohnstube verwandelte sich von jetzt auf gleich in eine Werkstatt. Mutti verlor restlos die Nerven und verließ das Zimmer. »So viel Dreck für so ein Elend von Baum!«, hörten wir sie aus der Küche schimpfen.

Ich ging ihr nach, aber sie war untröstlich.

»Ich kann mir das nicht angucken, ich back jetzt den Haselnusskuchen«, sagte sie, knackte die Nüsse aus Tante Hedwigs Weihnachtspaket, zermalmte sie mit dem Mörser und gab sie zu dem Teig, den sie angestrengt mit dem Handquirl verrührte. »Geh und hilf Vati!«

Aber der schlug mein Angebot aus, obwohl er vor Anstrengung keuchte und ein ziemliches Chaos anrichtete. Er müsse sich auf die Tanne konzentrieren, damit Weihnachten nicht ins Wasser falle, betonte er und drückte mir die Pappschachtel mit dem Lametta in die Hand: »Entwirr das mal!«

»Na toll, ich darf wieder was machen, was gar nicht geht«, maulte ich, machte es mir aber auf dem Teppich bequem und versuchte, das Lametta aus den Vorjahren zu entfilzen, das zusammengeklumpt in der abgegriffenen Schachtel lag.

»Wenn man das Lametta schön ordentlich und glatt zurückgelegt hätte, wäre das nicht passiert«, rief Mutti aus der Küche.

»Und warum haste nicht?«, stichelte mein Vater leise zurück.

Als hätte sie es gehört, ergänzte Mutti vom Backherd: »Ich hab auch nur zwei Hände!«

Angespanntes Schweigen legte sich zwischen uns, bis irgendwann am frühen Nachmittag die aufgehübschte Tanne in unserem Wohnzimmer stand. Neben der Anbauwand nahm sie ziemlich viel Platz ein, deshalb musste der Gummibaum in den Flur weichen.

Vati und ich bestückten den Baum nun mit echten Kerzen. Das war nicht ganz einfach, weil die in die Jahre gekommenen Klammern locker waren und außerdem das Kerzenwachs bereits in den Halterungen abbrach.

Wir hängten bunte Glaskugeln und selbstgebastelte Strohsterne an die Zweige. Am liebsten mochte ich den alten Christbaumschmuck von Uroma Minna. Einige ihrer

Kugeln waren übersät mit ganz vielen Silbersteinchen und glitzerten im Licht. Außerdem gab es eine silberne Gans, die rote Stiefelchen trug, ein Rehkitz, das Goldglitzersteine zwischen den Ohren und auf dem Rücken hatte, und einen imposanten silbernen Stern, der die Tannenspitze krönte. Zum Schluss wurde das Lametta über die Äste gebreitet. Aus einigen Streifen, die ich nicht entwirren konnte, hatte ich silberne Kugeln geformt, sie mit rotem Faden umwickelt und dazwischengehängt.

Eine magische Wirkung ging schließlich von dieser Tanne aus: Schlagartig beruhigten sich die Gemüter. Mutti betrachtete den Baum mit Tränen in den Augen, umarmte meinen Vater und sagte gerührt: »Ein Prachtstück. Wie habt ihr das nur wieder hinbekommen? So einen schönen hatten wir noch nie!«

Diese Sätze waren der Startschuss für unser Fest. Wir zogen uns feine Sachen an, und punkt halb vier spazierten wir, egal bei welchem Wetter, mit dem noch warmen Haselnusskuchen und Geschenken im Gepäck ins Nachbardorf zum etwa zwei Kilometer entfernten Hof meiner Großeltern. Dort saßen schon die Geschwister meiner Mutter mit ihren Familien am Tisch, während Oma in riesigen Kasserollen riesige Karpfen kochte. Die Fenster waren mit Dunst beschlagen, und es roch im ganzen Haus nach Fisch.

»Ach ja«, unterbricht Mutti meine Erzählungen und atmet tief ein, als hätte sie den Essensduft von damals wieder in der Nase, »so fühlt sich zu Hause an.«

Es gab immer Karpfen an Heiligabend. Selbst als Onkel Hannes, der Mann von Muttis Schwester Betty, sich einmal so an einer Gräte verschluckte, dass wir Doktor Dierhagen aus der Nachbarschaft holen mussten, wurde das Festmahl nur kurz für diesen kleinen Pinzetten-Eingriff unterbrochen. Danach aßen wir alle sehr vorsichtig weiter, und ich sah mir jedes Fischstückchen dreimal an, bevor ich es in den Mund steckte.

Nur Opa Franz ließ sich von diesem Vorfall nicht abschrecken und verschlang weiter große Happen: »Wer in unsere Familie einheiratet, muss Fisch essen können«, ließ er verlauten. »Richtig zerlegen und aufpassen, dann kann nix passieren!«

Ich erinnere mich, dass Onkel Hannes an jenem Abend keinen Appetit mehr hatte. Er hatte die lebensbedrohliche Gräte aus seinem Hals neben den Teller gelegt und wartete still und mit rotem Kopf auf die Brataäpfel, die es zum Nachtisch geben sollte.

Nach dem Essen wurden die Kerzen am Weihnachtsbaum angezündet, und mein Vater flüsterte meiner Mutter ins Ohr, dass unser Exemplar viel schöner sei, worauf sie fast unmerklich nickte. Opa Franz zapfte von seinem selbst gemachten Johannisbeerwein, der in großen Glasballons auf dem Dachboden lagerte, ein paar Krüge, aus denen die Gläser gefüllt wurden. Wir Kinder bekamen Johannisbeersaft, der genauso dunkelrot aussah. Oma hatte ihn in Flaschen eingeweckt. Davon färbten sich, wie bei den Erwachsenen vom Wein, unsere Lippen lila und die Zunge dunkelrot.

Nach dem Anstoßen, endlich, gab es die Geschenke, für die wir Kinder ein Gedicht aufsagen oder ein Lied singen mussten. Das fanden die Tanten und Onkel immer »sooo süß«, egal wie oft mein Cousin Rico vor sich hin gestottert oder ich mich versungen habe. Dann feierten die Erwachsenen lautstark, und wir Kinder spielten und stritten um unser neues Spielzeug.

So ähnlich verlief es jedes Jahr. Und ich liebte es.

»Schöne Erinnerungen«, bestätigt Anna und beginnt den Tisch abzuräumen, »fast wie heute bei uns.«

Sie legt den Arm um ihre Oma. »Nur der Karpfen geht leider nicht mehr.«

»Wieso, ist doch kein Fleisch.«

»Oma, ein Karpfen ist vielleicht auch ein Tier?«

»Wenn ich mich von diesem Fischgericht auch ausklinken dürfte!«, bittet Lukas und streicht sich etwas unsicher über die raspelkurzen blonden Haare. »Nach der Geschichte eben hab ich noch mehr Angst vor Gräten als ohnehin. Ich würde sehr für das typische Essen meiner Familie aus Nürnberg plädieren: Wiener Würstchen mit Kartoffelsalat.«

»Kartoffelsalat zu Weihnachten?« Meine Mutter verzieht ein wenig das Gesicht. »Der ist bei uns mehr im Sommer zum Grillen angesagt.«

»Ja, Oma, andere Bundesländer, andere Sitten. Dann gibt es eben dieses Jahr verschiedene Gerichte. Ich möchte zum Beispiel eine Gemüselasagne und eine Möhren-Kokos-Ingwer-Suppe machen. Jeder entscheidet dann selbst, was er isst«, schlägt Anna vor.

Sie schnappt sich von der Anrichte einen Stift und einen Block und schreibt die Einkaufsliste. »Was brauchen wir denn noch? Kartoffeln und Würstchen, bitte auch welche aus Soja, Rot- und Weißwein, Zutaten für frische Salate … Und was ist nun mit dem Karpfen?«

»Da bestehe ich drauf«, werfe ich ein und versuche, mir bei meiner Mutter Rückendeckung zu holen: »Das verlangt doch unsere Tradition, stimmt's, Mutti?«

»Wir haben ja auch bestellt«, sagt sie nur und nickt mir

zu. Widerwillig schreibt Anna die Adresse des Fischhändlers auf, bei dem Lukas den Karpfen abholen soll.

Während er die letzten fehlenden Dinge besorgt, sitzt unsere weibliche Drei-Generationen-Fraktion um den Tisch versammelt, schnippelt, häckselt und rührt. Jede von uns kocht und backt auf ihre Weise gern, aber es zusammen zu tun, ist schon mal ein Fest für sich. Mein Telefon klingelt. Tante Hedwig. Ob es beim traditionellen Besuch zum ersten Weihnachtsfeiertag bliebe und ob ich wohl Mutti und Anna mitbringe?

»Aber sicher, Tante Hedwig.«

Ich halbiere den Rosenkohl und werfe die Stückchen in einen großen Topf zum Blanchieren. Mein Telefon klingelt. Christoph. Sie hätten die Bratäpfel mit Marzipan und Vanillesoße schon vorbereitet, und ob denn, wie immer, vier Uhr am Nachmittag eine gute Zeit sei?

»Aber sicher, Christoph.«

Ich widme mich weiter dem Rosenkohl. Mein Telefon klingelt.

»Hallo, hier ist Paula.«

»*Die* Paula?« Ich bin irritiert. Ist sie denn nicht in wärmeren Gefilden am Mittelmeer?

Ob sie nur mal kurz vorbeischauen könne, sie sei in der Gegend und hätte so ein wehmütiges Gefühl und so einen Appetit auf Butterstollen, den sie mitbringen würde. Und dann sähe sie auch ihre Tochter Nicole und den kleinen Tim, denn sie hätten ihr gesagt, dass wir zusammen feiern.

»Aber sicher, Paula.«

Ich habe das Telefon noch nicht zurück auf den Tisch gelegt, da klingelt es schon wieder.

»Das ist ja wie im Taubenschlag!«, sagt meine Mutter.

Nein, keine Taube, sondern meine Freundin Amely.

Jakobs Flug sei wegen des Schneechaos in London ausgefallen. Ob wir noch einen Platz frei hätten und sie was vom Gänsebraten mitbringen solle?

Ich muss nicht lange überlegen: »Aber sicher, Amely.«

Das Haus wird voll. Anna und ich finden das richtig gut, meine Mutter ist hingegen skeptisch, denn eigentlich bleibe man doch eher im kleinen Kreis, und viele unserer Gäste kenne sie überhaupt nicht. Ob das denn auch ein richtiges Weihnachtsfest werde?

»Aber sicher, Mutti!«

Sie wirkt nicht gerade überzeugt. »Wenn alle Essen mitbringen, kommt aber eine Menge zusammen«, überlegt sie. »Da müsste Lukas gar nicht mehr so viel einkaufen.«

Stimmt. Ich wähle seine Nummer, doch im selben Moment öffnet sich die Tür, und er tritt mit dem Einkaufskorb in der einen und einer prall gefüllten Plastiktüte in der anderen Hand ein.

»Was ist das denn?«, ruft Anna und zeigt auf die Tüte, aus der es an einer Ecke mächtig tropft.

»Na, der Karpfen«, antwortet er und drückt ihr den schweren Beutel in die Hand. »›Tot oder lebendig?‹ hat der Fischhändler gefragt, und da bei euch immer besetzt war, hab ich entschieden, dass lebendig besser ist als tot.«

Anna küsst ihren Freund. »Ich lasse das Tier erst mal schwimmen.« Sie trägt die zappelnde Tüte ins Bad, und ich höre, wie sie Wasser in die Wanne lässt.

Meine Mutter schiebt den Haselnusskuchen in den Backofen, dreht mir den Rücken zu und wäscht sich im Spülbecken den Teig von den Händen. »Wer soll den jetzt schlachten?«, fragt sie.

Ich stutze. Ganz selbstverständlich bin ich bis jetzt davon ausgegangen, dass sie das übernehmen würde. Wie früher. In meiner Kindheit hatten wir ein paar eigene Nutztiere, damit wir als Selbstversorger auf dem Land besser über die Runden kamen. Hühner, Gänse, Enten und Hasen sind bei meiner Mutter unter das Messer gekommen. Schließlich wurden die Zwei- und Vierbeiner extra zu diesem Zweck von uns aufgezogen, bekamen Getreide und frisches Grün und watschelten, scharrten und sprangen auf unserer Wiese neben dem Haus.

Das Schlachten fand meist am Samstagmorgen statt. Wenn eine Ente fett genug war, wurde sie im Stall eingefangen, noch einmal über Kopf und Federkleid gestreichelt, verabschiedet und dann auf den Holzklotz im Garten gelegt, in dessen Seite das Hackebeil steckte. Mutti nahm es in die rechte Hand, hob an, schlug zu, und zack, fiel der Kopf des Tieres zur Seite. Dann hängte sie das kopflose Federvieh an eine Stange vor dem Stall, damit sein Blut in eine Schüssel tropfen konnte. Wir brauchten es für die Suppe, die in unserer Region »Schwarzsauer« genannt und mit einem Schuss Essig, gekochten Flügeln und kleinen Mehlklößchen oder Salzkartoffeln als Delikatesse gereicht wird.

Während das Blut tropfte, war es meine Aufgabe, Wasser in einem Topf zu erhitzen. Der Vogel wurde von allen Seiten damit übergossen, damit man seine Federn leichter aus der Haut lösen konnte. Mutti nahm auf einem Holzschemel Platz, legte das Tier in einen Bottich, den sie zwischen ihre Beine klemmte, und hielt den Vogel mit der linken Hand an den Füßen fest. Mit der rechten begann sie mit dem Federrupfen – und schon nach etwa zwanzig Minuten war die Ente nackt.

Mit einem spitzen Messer zupfte sie übriggebliebene Federkiele aus der Haut, die jetzt aussah, als wenn sie fröre, was nach dieser »eiskalten« Aktion durchaus kein abwegiger Gedanke war – warum sonst sagt man Gänsehaut?

Zum Schluss schlitzte sie den nackten Vogel mit demselben scharfen Messer vom Hals bis zum Bauch auf, holte mit der Hand die oft noch warmen Eingeweide heraus, trennte auch hier zwischen Essbarem wie Magen, Herz und Leber, und warf den Rest der Eingeweide auf den Boden des Hofes, wo schon die Kameraden aus der Hühnerfraktion darauf warteten, es aufzupicken.

So geht Schlachten, und wer einen goldbraun gebackenen Entenbraten oder einen Karpfen auf dem gedeckten Tisch haben will, sollte sich dieser ganzen Prozedur bewusst sein und das wenigstens einmal selbst gemacht haben, meine ich.

Ich schaue zu meiner Mutter. Ob sie auch gerade an unsere Schlachtrituale denkt, oder warum dauert ihr Händewaschen so lange? Endlich dreht sie den Wasserhahn zu, wendet sich zu mir, guckt mich an und sagt ruhig und bestimmt: »*Ich* werde das nicht tun.«

»Wer denn dann?«

»Das weiß ich nicht. Nur *ich* möchte das einfach nicht mehr machen.« Schweigend nimmt sie den Korb, den Lukas auf den Boden gestellt hat, packt die Lebensmittel aus, und wir schnippeln weiter Gemüse für Annas Lasagne.

Hm. Ich versuche, nicht an den Fisch in meinem Bad zu denken.

Jetzt ist es schon kurz nach eins. Anna und Lukas verabschieden sich in den nahe gelegenen Wald, um ein Bäumchen zu suchen. Nach einer guten Stunde haben sie eins im Schlepptau.

»Warum das so lange gedauert hat?«, wiederholt Lukas meine Frage. »Guckt mal genau hin! Wir wollten einfach die schönste Tanne finden!«

Und ja, die Fichte ist üppig gewachsen wie ein Bilderbuchbäumchen. Ihre Spitze reicht bis an die Decke des Zimmers. Anna und Lukas übernehmen auch noch das Schmücken, was mit der elektrischen Lichterkette ziemlich schnell geht.

»Und, Oma, wie findest du ihn?«, fragt Anna, nachdem sie die Kugeln und den silbernen Glitzerstern aus Wilhelminenthaler Tagen an der Baumspitze befestigt hat.

»Ein Prachtstück …«, beginnt meine Mutter andächtig.

Wir stimmen zu dritt mit ein: »… wie habt ihr das nur wieder hinbekommen? So einen schönen hatten wir noch nie!«

Sein Anblick erzeugt auch in mir ein Weihnachtsgefühl wie aus den Tagen meiner Kindheit, selbst wenn er nicht so hart erkämpft worden ist und ohne Wachskerzen auskommen muss.

Höchste Zeit, sich zurechtzumachen. Anscheinend gehört Hektik mit zur Feiertagsroutine, und ich frage mich, ob mir ohne sie etwas fehlen würde.

Beim Duschen beobachte ich den Karpfen, der nebenan in der Badewanne schwimmt, durch die Glasscheibe. Ziemlich eintönig verharrt er auf einer Stelle, um hin und wieder wie von der Tarantel gestochen im Zickzack loszuschießen. Dann dreht er um und verharrt wieder.

Mir kommt eine Idee.

Pünktlich um vier sitze ich mit meinen Gästen am Kaffeetisch und verteile die Stücke von Muttis schokoladenschwarzem Haselnusskuchen, den sie übrigens nur zu

Weihnachten backt. »Mhmmm!« Er schmeckt so lecker wie immer.

Im Kamin knistert das Feuer, die Fichte duftet nach Wald, und ihre Lichter verbreiten eine gemütliche Stimmung. Draußen ist es schon dunkel.

Paula sieht mit den bunten Kügelchen im hochgesteckten roten Haar und dem grünen Samtkleid selbst ein wenig aus wie eine geschmückte Tanne. Sie hat ihren Enkel Tim auf dem Schoß, der fasziniert ihren Haarschmuck zwischen den Fingern dreht. Hund Paul liegt vor dem Kamin und guckt ins Feuer. »Oma, ich hab ja gar nicht gewusst, dass du heute bei Petra bist!«, sagt Tim. »Hast du ein Geschenk für mich?«

»Schauen wir mal!«, flüstert sie vielversprechend und drückt ihn fest an sich. Nicole lächelt. Offensichtlich freut sie sich, ihre Mutter so unverhofft zu treffen.

Nach dem Kaffee zwinkere ich meiner Mutter zu. Wir lassen unsere schwatzende Gesellschaft für einen Moment allein und kehren mit einem Plastikbottich, den ich sonst für die Wäsche nehme, und den wir bequem an den Seitengriffen tragen können, zurück. Darin schwimmt unser Karpfen.

»Wir kommen nun zu einer bergischen Tradition«, verkünde ich und bitte meine Gäste, ihre Stiefel und Mäntel für einen kleinen Spaziergang anzuziehen. Meine Mutter verteilt Martinslaternen, die ich seit Annas Kindheit auf dem Dachboden aufbewahre, und ich vergebe noch Taschenlampen und Schirme.

Tim lugt in den Bottich. »Guck mal, Oma, guck mal, so macht der!« Er ahmt die Mundbewegung des Fisches nach.

»Wie? Mach noch mal!«, bitte ich, weil er dabei so putzig aussieht. Gerade als wir losgehen wollen, klingelt es an der Tür.

»Der Weihnachtsmann!«, schreit Tim aufgeregt. Er rennt zu Nicole und klammert sich an ihre Hosenbeine.

Aber es sind meine Hausnachbarn Grit und Daniel mit einem Topf und einem Tablett voller Tassen.

»Wo wollt ihr denn jetzt hin?«, fragt Grit erstaunt. »Halb sechs ist doch Punschzeit!«

Ehe wir uns versehen, hält jeder eine dampfende Tasse mit nach Zimt und Nelken duftendem Glühwein in der Hand.

»Machen wir immer so in Trier«, erklärt Daniel. »Damit leiten wir das Fest ein. Sollen wir die anderen auch holen?« Er meint Joachim und Marion mit den drei Kindern, die vergangenen Monat in den verwaisten Westflügel des Gebäudes eingezogen sind.

»Soweit ich weiß, sind sie bei ihren Eltern in Bremen«, antworte ich.

Es klopft erneut. Durch das Fenster bei der Tür erspähe ich zwei grauhaarige Paare.

»Das sind unsere Eltern«, erklärt Daniel. »Na endlich! Haben sie sich doch getraut. Vorhin haben sie noch gemeint, dass man an Weihnachten die Familien besser unter sich lasse.«

»Nun kommen Sie doch rein!«, ruft meine Mutter gleich, öffnet die Tür und schüttelt den vieren die Hände.

Grit füllt weitere Gläser, und wir prosten uns zu. »Auf eine friedliche und glückliche Zeit!«, wünscht sie.

Heute läuft einiges anders, stelle ich fest – und es beginnt mir zu gefallen.

»Finde ich toll, dass ihr zu uns gekommen seid«, sage ich

und lade alle ein, uns auf unserer kleinen Wanderung zu begleiten. »Machen wir!«, bestimmt Daniel.

Grit und beide Elternpaare nicken.

Unsere vielköpfige Gruppe spaziert, vom Glühwein angeschickert, gut gelaunt und erwartungsvoll durch Regen und Wind den schlammigen Feldweg hinunter zum Wald. Mutti und ich gehen mit dem Bottich voran.

Anna zupft mich am Ärmel. »Was habt ihr vor, Mama?«

»Wirst schon sehen!«

Nach einer Viertelstunde erreichen wir den Tümpel am Forsthaus. Ich bitte alle, sich vor dem kleinen Steg aufzustellen, während wir mit dem Bottich bis zu seinem Ende gehen.

»Liebe Gemeinde«, eröffne ich, hole den Karpfen aus dem Bottich, halte den sich windenden Fisch mit beiden Händen empor und lasse ihn von Mutti mit der Taschenlampe anleuchten. »In Asien ist es Brauch, einen Vogel freizulassen. Dann, so sagt man, kommt das Glück zu einem zurück. Im Bergischen geht man dafür am Heiligen Abend ans nächstgelegene Wasser, um einem Weihnachtskarpfen die Freiheit zu geben.«

Ich schaue dem Fisch in die runden Augen, während er sein Maul öffnet und schließt. »So Jung', ein schönet Leben und immer eine Handbreit Wasser unterm Kiel! Mach et joot!«

Ich hocke mich hin, strecke meine Arme weit über das Wasser, verringere den Druck meiner Hände, und schon entgleitet mir der Karpfen, fällt ins dunkle Nass und ist verschwunden.

Alle klatschen. Paul bellt.

»Bravo!«, jubelt Anna.

Ich muss grinsen. Habe ich doch mit dem Fisch auch einen unserer Weihnachtsbräuche über Bord geworfen. Mutti lächelt zurück, und zusammen kippen wir das Wasser aus dem Bottich hinterher.

»Und das ist eine bergische Tradition?«, fragt Grit auf dem Nachhauseweg noch mal nach und schmunzelt.

»Wenn wir das im nächsten Jahr wiederholen«, sage ich zufrieden, »dann ist es eine.«

Wer keine Wurzeln schlägt, dem wachsen auch keine Flügel

Was passiert, wenn Heimat fehlt oder man ihr keinen Platz einräumt

Ich mag den Januar. Er gliedert nicht nur die Jahre, sondern verspricht immer auch so etwas wie einen Neuanfang. Die verschneite Landschaft gleicht einem weißen Blatt Papier: Noch steht nichts darauf. Alles ist möglich.

Ich stapfe durch den Schnee, der über Nacht alles eingehüllt hat, das Haus, die Hügel und die Wälder. Ich bleibe einen Moment stehen und atme die knackig kalte Luft. Kein Wind. Nichts bewegt sich. Es ist, als könne ich die Stille hören und den Schnee schmecken. Hinter mir die Sohlenabdrücke meiner Winterboots, neben mir die verschneite Linde. Ich, die Meck-Pommeranze, die es über Sachsen und das Ruhrgebiet ins Bergische Land verschlagen hat, fühle mich verwurzelt wie dieser Baum. Aber im Gegensatz zu ihm hält mich das nicht fest, sondern gibt mir die Kraft, jederzeit aufbrechen zu können. Manchmal, so wie heute, spüre ich regelrecht eine Lust dazu in mir.

Vor Grits Tür beginnt ein schmaler Weg zum Parkplatz, den sie freigeschippt hat. Meine Nachbarn und auch Joachim und Marion vom Westflügel sind schon vor mir raus zur Arbeit und die Kinder in der Schule. Auch wenn meine Heimatgeschichte mit dem Verlassenwerden begonnen hat, wird mir klar: Ich habe genauso Menschen dazugewonnen.

Mit dem Besen fege ich den Schnee vom Auto und mache mich schon jetzt für den Sprecherjob am Nachmittag in Köln auf den Weg, denn ich bin mir nicht sicher, wie der rheinische Winterdienst mit den ersten Schneeflocken des Jahres fertig wird. Doch je näher ich Köln komme, desto grauer wird die Landschaft. Die Stadt liegt unter einer dichten Wolkendecke, aus der es nieselt.

Wenn ich den Kollegen von meiner vierzig Kilometer entfernten weißen Zauberlandschaft erzähle, werden sie denken, ich spinne. Ich parke vor meiner kleinen Wohnung, steige aus und plane für die Zeit bis zum Termin ein bisschen Büroarbeit ein.

»Au!«, schreit es vor mir. Eine Frau ist gestürzt. Es ist wirklich glatt, ich spüre das sogar mit meinen festen Winterschuhen. Der Regen friert offenbar sofort auf dem kalten Bürgersteig. Warum trägt die Frau auch Stöckelschuhe bei diesem Wetter?, denke ich beim Näherkommen.

»Ahhh!«, stöhnt sie und sackt bei dem Versuch aufzustehen, wieder in sich zusammen. Sie flucht in einer fremden Sprache. Ist das polnisch? Ich eile zu ihr und erreiche sie fast zeitgleich mit einem dunkelhaarigen jungen Mann.

»Sollen wir helfen?«, frage ich. Sie nickt dankbar, also packe ich sie links unter den Arm, der Mann stützt sie von der rechten Seite. Sie versucht aufzutreten, findet aber keinen

Halt, ihr Fuß knickt zur Seite. Die Frau schreit vor Schmerz auf, sie hat Schweißperlen auf der Stirn.

»Ich glaube, ihr Bein ist gebrochen«, sagt der Mann und zieht ein Smartphone aus seiner schwarzen Jackentasche. »Ich rufe Ihnen einen Krankenwagen.«

»Nix, nix!«, schreit die Frau und winkt energisch ab. »Kein Geld, kein Schein!«

Sie krallt sich mit der linken Hand an mir fest, kramt mit der rechten ihr Handy aus der Tasche und wählt.

»Ohh«, jammert sie nach einer Weile. »Adam Arbeit.«

»Sie können hier nicht liegenbleiben. Wir müssen Sie ins Krankenhaus bringen«, entscheidet der junge Mann.

»Wir können mein Auto nehmen!«, schlage ich vor. »Es steht nur ein paar Schritte von hier.«

Vorsichtig tragen wir die Frau dorthin und heben sie auf den Rücksitz. Sie zittert am ganzen Körper. Ich setze mich neben sie und reiche dem Mann meinen Autoschlüssel.

»Bin übrigens Cem«, stellt er sich vor.

»Petra.«

»Und Sie, wie heißen Sie?«, frage ich die Frau.

»Naame? Lydia.«

»Wo sind Sie zu Hause, Lydia?«

»Polen Cheimat.«

»Ach so, Sie sind zu Besuch in Deutschland?«

Lydia streift sich die Fellmütze vom Kopf, die blonden Haare fallen ihr auf die Schultern. Sie mag vielleicht so alt sein wie ich.

»Niicht Tourist«, sagt sie und schüttelt den Kopf. »Lebe chier. Aber iist schwer. Schwer.« Sie zeigt fünf Finger, schließt ihre Faust und zeigt noch mal die volle Hand, dann wiederholt sie die Bewegung erneut. »Soo laange.«

»Seit fünfzehn Jahren?«, frage ich nach. »Und dann immer noch nicht angekommen?«

Das hat Lydia wohl nicht verstanden, denn sie zuckt mit den Schultern. Nur bruchstückhaft komme ich dahinter, dass Adam ihr Mann ist, auf dem Bau arbeitet, und dass die beiden, sobald sie genug Geld haben, wieder zurück in die Heimat wollen.

»Chier niicht gut für mich, iimmer alleine«, sagt sie. »Baald zurück Polen, baald. Deutschland kalt.«

»Na ja, wir haben eben Winter«, antworte ich. »Da ist es in Polen auch kalt.«

»Niiecht Winter«, antwortet sie. »Mentalität.«

Alles klar, ich bringe sie gerade mit meinem Auto zum Krankenhaus, versuche, sie vom Schmerz abzulenken, indem ich den Alleinunterhalter spiele, und werde einer kalten Mentalität bezichtigt.

»Für miich Deutsch iist schwere Sprache. Iich kann niicht«, sagt sie entschuldigend, winkt mit beiden Händen ab, schließt die Augen und stöhnt.

Cem stellt das Radio an und summt einen dieser 1LIVE-Hits mit.

Ob Deutsch eine schwere Sprache ist, kann ich nicht beurteilen. Es ist ja meine. Aber es muss schrecklich sein, wenn man sich nicht verständigen kann. Da kann man ja nie jemanden kennenlernen, nie seine Meinung außerhalb der eigenen vier Wände kundtun, kein Schwätzchen mit Nachbarn halten, nichts. Immer ist man außen vor. Eine gruselige Vorstellung. Wie klein die eigene Welt dann ist, nur der Mann und die Familie, die Erinnerung und die Hoffnung auf den nächsten Heimaturlaub. Das sind keine guten Voraussetzungen für ein erfülltes Leben.

Ich schaue zu Lydia. Sie hält ihre Augen weiter geschlossen, Brauen und Stirn hat sie vor Schmerz zusammengezogen. Schade, dass ich ihr nichts Tröstendes auf Polnisch sagen kann.

»Wird schon werden«, flüstere ich dennoch, und Lydia öffnet ihre verweinten Augen und nickt.

Im Krankenhaus geht alles ganz schnell. Ich versuche, ihr zu erklären, dass sie hierbleiben muss, denn die Ärzte werden ihr gebrochenes Bein mit einer Metallplatte schienen.

Cem und ich füllen als Zeugen ein Formular zum Unfallhergang aus, dann verabschieden wir uns.

Lydia drückt lange meine Hand.

Sie tut mir leid.

Als wir hinausgehen, tippt Cem etwas in sein Smartphone. Seine Wurzeln sind sicher in der Türkei, aber er spricht akzentfrei deutsch, wahrscheinlich ist er in Köln aufgewachsen. Sein Telefon klingelt, er beantwortet den Anruf – auf Türkisch.

Ich frage mich, wie ich mich in der Fremde fühlen würde. Ob ich es schaffen würde, meine Herkunft in mein neues Leben einzubeziehen? Meinem Freund Takeshi aus Tokio gelingt das gut. In seiner kleinen Altbauwohnung in Köln veranstaltet er regelmäßig Partys mit hier lebenden Landsmännern und -frauen und lädt dazu seine deutschen, italienischen und türkischen Freunde ein. Mittlerweile mischen sich die Kulturen bei seinen Festen derart, dass man gespannt ist, aus welchen Nationen die Gesprächspartner wohl kommen und welche Erfahrungen sie von dort mitbringen. Beim Kirschblütenfest im letzten Jahr führte eine seiner japanischen Freundinnen einen traditionellen Tanz in einem farbenfrohen Kimono auf, und Takeshi kommentierte das mit weisen Worten: »Man muss doch der alten Heimat in der neuen ihren Platz einräumen. Sonst läuft man seiner Sehnsucht hinterher und ist immer auf der Suche.«

Ich kenne Gruppen aus der Slowakei oder aus Kuba, die sich in Köln zum gemeinsamen Singen ihrer Volkslieder verabreden. Sie geben ihrer Sehnsucht und Erinnerung eine Stimme und sich gegenseitig Kraft. Vielleicht würde so etwas auch Lydia helfen.

In den Achtzigern war ich einmal bei einer deutschstämmigen Familie im rumänischen Siebenbürgen zu Besuch. Die zelebrierten ihr Deutschsein, obwohl die meisten noch nie in Deutschland gewesen waren. Sie sangen Volksweisen von blühenden Feldern, Lindenbäumen und der Sehnsucht nach dem deutschen Zuhause, die ich kaum kannte, und damit wir endlich mitmachen konnten, spielten sie »Ein bisschen Frieden« von Nicole. Mit alldem kamen sie uns deutscher vor als wir uns selbst.

Bei meinem ersten New-York-Besuch viele Jahre später, erlebte ich auf der Fifth Avenue die German-American Steuben Parade. Sie ähnelte deutschen Schützenfesten und Karnevalsumzügen, allerdings in Dirndl und Lederhosen, und hat mich etwas befremdet, weil ich mit Blasmusikaufmärschen und bayerischen Trachten so gar nichts am Hut habe. Auf diese Form des gemeinschaftlichen Heimatkults muss man nicht stehen, man kann sich wie Takeshi seine eigene schaffen.

»Haben Sie noch Zeit für einen Tee zum Aufwärmen?«, fragt Cem und reißt mich aus meinen Gedanken.

Warum nicht. Es ist zwölf Uhr mittags, um drei muss ich erst im Tonstudio sein. Cem ist mir sympathisch. Er scheint ein lockerer Typ zu sein, vielleicht Ende dreißig, mit wachen, klugen Augen.

Wir gehen in ein türkisches Restaurant, wie es sie in Köln zuhauf gibt. Er bestellt gefüllte Teigtaschen mit Spinat und Schafskäse und ich den Löffelsalat mit Tomaten, Gurken und viel Petersilie, den ich so gern mag.

»Was machen Sie denn, wenn Sie nicht gerade polnische Mitbürgerinnen retten?«, frage ich ihn.

»Türkische Mitbürgerinnen retten«, antwortet er prompt.

»Das müssen Sie mir erklären!«

Er lässt drei Stück Zucker in seinen Tee fallen, rührt und beginnt zu erzählen:

»Köln hat Stadtteile, da gibt es nur Hauptschüler und Schulabbrecher und andere, in denen machen fast alle Abitur. Das ist ein Ding der Unmöglichkeit. Alles hängt davon ab, wo du geboren wirst, deine Herkunft entscheidet über deine Zukunft. Das kann eine demokratische Gesellschaft nicht wollen.

Ich helfe vor allem Migrantenkindern, einen Ausbildungsplatz zu finden. Die eigentliche Ursache, die immer größere Kluft zwischen Arm und Reich, kann ich nicht ändern, aber ich kann darüber aufklären, wie wichtig Bildung und ein gesundes Selbstwertgefühl sind. Kinder mit Migrationshintergrund sind oft hin und her gerissen zwischen der Welt, aus der ihre Eltern kommen oder in der sie aufgewachsen sind, und der, in der sie ihre Zukunft gestalten sollen – Deutschland. Sie müssen eine Aufgabe haben, einen Beruf lernen. Darüber können sie auch ihre Identität finden. Ich vermittele sie als Azubis, oft ins Handwerk oder andere kleine Betriebe.

Bei den Jüngeren halte ich Vorträge in der Schule und besuche sie in ihren Familien. Wir denken gemeinsam über Perspektiven nach. Die Eltern wollen ja auch, dass es ihren Kindern gut geht, wissen oft nur nicht, wie sie es anstellen sollen, weil sie in ihrer Welt gefangen sind. Von manchen Realitäten hören sie häufig zum ersten Mal: Dass es zum Beispiel auch andere Schulformen als die der Hauptschule gibt, welche Ausbildungen möglich sind oder welche Jobs ihre Kinder mit ihren konkreten Zensuren denn nun machen können und welche eben nicht.

Deutsche Lehrer lassen sie oft nicht so gern in ihre Wohnungen, aber mich ja. Mir hören sie zu, mir glauben sie, weil ich einer von ihnen bin. Ich habe eine ähnliche Vergangenheit. Ich teile mit ihnen ein Stück Heimat, ich spreche ihre Sprache. Auch im übertragenen Sinne. Ich weiß, wie es sich anfühlt, wenn man hier lebt, aber nicht wirklich dazugehört, und geht man in die Türkei, ist man auch ein Fremder. Nirgendwo bist du richtig. Das ist ein echtes Problem, unter dem viele Deutschtürken leiden. Bei mir war das nicht anders. Zu begreifen, dass genau in diesen zwei Welten meine Wurzeln liegen und dass mich das stark macht, hat auch bei mir eine Weile gedauert.

Als Kind, fest verwurzelt in meiner Familie, habe ich mich vor allem türkisch gefühlt. Später, als ich Sozialwissenschaften und Pädagogik studiert habe, war es genau andersherum. Ich habe versucht, meine türkischen Wurzeln zu ignorieren, weil ich dachte, sie behindern mich bei meiner Karriere. Bis ich merkte, dass das Unsinn ist, dass mir das nicht guttut und dass das auch niemand von mir erwartet.

Ich habe also den Türken in mir wieder integriert, wenn man so will. Mittlerweile vermischen sich die Anteile im Alltag auf gesunde Weise. Ich spreche beide Sprachen, genieße die Kultur beider Länder, koche die Rezepte meiner Mutter abwechselnd mit deutschen, besuche meine Familie in der Türkei, habe deutsche Freunde und Kollegen.

Seitdem ich beide Seiten lebe, fühle ich mich rund. Ein Sprich-

wort sagt: Wenn du keine Wurzeln hast, dann wachsen dir auch keine Flügel. Meine liegen in der Türkei und in Deutschland. In beiden Ländern habe ich Zeit verbracht, die mich jeweils geprägt hat. Ich habe damit sogar einen ›Heimvorteil‹. Jeder Migrant sollte sich dessen bewusst sein: Was es für eine Bereicherung ist, zwei Kulturen in sich zu tragen!

Die Gesellschaft braucht meine Kompetenz, die sich aus genau diesen beiden Erfahrungen ergibt. Das ist auch so ein Punkt: Dieses Gebrauchtwerden. Wer das fühlt, schlägt von allein Wurzeln. Deswegen vermittle ich den Jugendlichen zuallererst einmal, dass wir auf sie zählen.«

Cem macht eine Pause und schaut mich an. »Wissen Sie eigentlich, was typisch türkisch ist?«

Ich schüttele den Kopf.

»Andere zum Tee einladen.« Er schaut auf mein leeres Glas. »Möchten Sie noch einen?«

»Gern.«

Er nimmt unsere Gläser und füllt sie am Samowar neben der Theke nach.

»Die Deutschen sollten viel mehr Tee trinken! Das entspannt, und man kann schön reden, stimmt's?«, sagt er und setzt sich wieder. »Jetzt sind Sie aber an der Reihe! Ich hab so viel von mir erzählt, weil Sie mich ja leider nicht kennen können – ich Sie aber schon. Aus dem Fernsehen. Ich oute mich hiermit mal als Fan. Sie spielen so viele unterschiedliche Rollen. Wo holen Sie die ganzen Figuren eigentlich her?«

»Sagen wir mal so: Die habe ich alle integriert.«

Er muss lachen. »So wie ich die beiden Kulturen, oder was?«

»Ja, so ähnlich vielleicht. Ich muss meinen Figuren ja auch ein Zuhause in mir geben. Bei manchen funktioniert das ganz schnell, weil irgendwas in mir oder manchmal sogar nur eine meiner äußeren Eigenschaften der Figur entgegenkommt. Bei anderen wiederum muss ich keulen und mir immer wieder ihre Art, sich zu bewegen, anschauen oder ihre Stimme anhören. Nina Hagen oder Sibylle Weischenberg integrieren sich einfach gar nicht, die muss ich trainieren!«

»Verstehe. Ich finde auch Ihre Oma Claudia mit dem kölschen Dialekt so super. Sind Sie hier zu Hause?«

»Auch«, gestehe ich ihm und erzähle von Orten in Ost und West, an denen ich mich heimisch fühle, und dass ich mich bemühe, meine Heimaten ebenso gut zu vereinen, wie er es tut.

Dä Sultan hät Doosch!

Wieso auch in der Heimat Dinge nerven dürfen

In letzter Zeit macht sich so eine Aufbruchs-stimmung in mir breit, ich bin gespannt, wo-hin sie mich führen wird. Seit gestern lebe ich sie zumindest mit Pinsel und Farbe aus. Ich renoviere meine zwei Zimmer in Köln. Läs-tig, aber notwendig. Wie sehr, fällt mir jetzt erst auf, als ich den letzten Strich getan habe. Endlich erstrahlen die Wände wieder in leuchtendem Weiß.

Ich will mir heute auch noch ein Bücherregal bauen, eine Aufgabe, die ich ebenfalls lange vor mir hergeschoben habe. Nun habe ich Muße für so etwas. Jobmäßig läuft gerade nicht viel. Außerdem ist Karneval, für die Kölner die fünfte Jahreszeit und ein aufregendes Fest. Ich ziehe mich dann eher zurück, denn mit dem Schunkeln habe ich es nicht so. Dieses Gen fehlt mir anscheinend.

Das ist nicht schlimm. Bei meiner Ankunft im Rhein-land dachte ich noch, Karneval kann man lernen, was na-türlich kompletter Unsinn ist. Entweder »biste ene jecke

Type un hast Karneval im Bloot oder nit«, wie der Kölner sagt. Nach einigen vergeblichen Versuchen habe ich meinen Frieden damit geschlossen und finde, selbst an Orten, an denen man heimisch ist, darf man manche Sachen blöd finden. Das gilt in anderer Form auch für Verwandtschaft oder Partnerschaft. Dinge, die stören, gehören zum Gesamtpaket.

Die Regalhaken habe ich bereits in die Wand geschraubt, die Bretter zugeschnitten, fehlt nur noch weiße Farbe für das Holz. Die gibt es im Baumarkt, drei Bahnstationen von hier. Ich muss also noch mal raus, und das, obwohl ich mir geschworen hatte, mein Kölner Domizil in diesen Tagen höchstens zu verlassen, um in meinen bergischen Ruhetempel zu fliehen. Heute ist Weiberfastnacht, und gleich geht um elf Uhr elf der Straßenkarneval los. Schon seit Tagen fühlt es sich hier an wie kurz vor dem Sturm. Die Luft in der Stadt knistert vor lauter angestauter Energie. Viva Colonia!

Es ist kurz nach zehn, ich muss mich also beeilen. Ab mittags ruhen die Geschäfte, weil natürlich alle – außer mir – feiern. Auf der Straße ziehe ich den Reißverschluss meines schwarzen Wintermantels bis oben zu und die Wollmütze tiefer ins Gesicht. Es ist windig, und es nieselt. Über drei Grad sollen die Temperaturen heute nicht steigen, gefühlt sind es minus drei, würde ich sagen.

Die drei Kätzchen vor mir tragen schwarze Miniröckchen, die gerade mal so den Popo bedecken, darunter kringelt sich das gedrehte Schwänzchen aus Fell und hebt den knappen Stofffetzen in aufreizende Höhe. Ihre hellen Jacken sind hüftbetont und enden auch dort. Dazu ebenso helle Stiefeletten. Sehr sexy. Viva Blasenentzundung!

Sie haben es eilig und müssen sich noch Mut antrinken

oder gegen die Kälte picheln, die Flasche billigen Schaumweins wandert jedenfalls schnell von einer zur anderen. Auf den dreihundert Metern bis zur Bahnstation wird sie geleert und neben anderen Flaschen an einen Papierkorb gestellt.

Aus einem Fenster auf der gegenüberliegenden Straßenseite winkt eine alte Frau mit lustigem Papphut, die ihren Rekorder, aus dem laute Karnevalsmusik schallt, ans Fenster gestellt hat. Sie wippt dazu im Takt. Die Mädels winken zurück. Eine von ihnen nimmt ihre Schunkelpose auf, schwingt die Arme nach oben und singt in Richtung Fenster-Oma: »Drink doch ene mit, stell dich nit esu ahn ...« – die anderen zwei stimmen sofort mit ein: »... Du steihs he de janze Zick eröm. Häs de och kei Jeld, dat es janz ejal, drink doch met un kümmer dich nit dröm ...«

Die Oma strahlt, hält ihren Piccolo hoch und prostet den Mädchen zu, die sich mit Kusshändchen verabschieden. Bevor ich mit den giggelnden Kätzchen in den dunklen Schlund der U-Bahn-Station verschwinde, blicke ich noch mal zurück und sehe die Oma immer noch winken. Ich bin irgendwie gerührt.

In der U-Bahn ist die Hölle los. Clowns und Hexen und Räuber rasseln und trommeln und singen und saufen. »Mer losse d'r Dom en Kölle ...«, schreien sie.

Na, hoffentlich, denke ich, bei der Energie, die sie hier an den Tag legen. Nicht, dass sie ihn vor lauter Übermut nach Düsseldorf verfrachten. Wahrscheinlich setzen sie, gerade weil sie ihn so lieben, auch so gern Pinkel-Marken an sein jahrhundertealtes Gestein. Besonders an den tollen Tagen.

Die Bahn ist brechend voll – klar, denn alle wollen um elf Uhr elf in der Innenstadt am Alter Markt sein und die Übergabe der Stadtherrschaft vom Oberbürgermeister an das Dreigestirn miterleben, bevor sie in die Kneipen ziehen, wo es in den nächsten Stunden dann kaum noch ein Reinkommen gibt. Wie voll die Kneipen dann sind, habe ich bei einem meiner Karnevalsannäherungsversuche erlebt. Mein Kumpel Uwe, der mich mitschleppte, sah das gelassen und verteilte Kölsch aus seinem Rucksack, damit wir in der Warteschlange vor einem Kölschen Brauhaus auch in Stimmung kamen. »Gerade die Vorfreude macht es doch so spannend«, fand er, »wenn man alles gleich bekommt, ist es doch langweilig.«

Jetzt drängele ich mich in die U-Bahn, die Tür ruckt ein paarmal an, um zu schließen, aber es funktioniert nicht.

»Kinder loss d'r Dür frei, sons kann isch nit fahrn! Rückt do ma zusamme, wie sich dat jehört«, verkündet der Fahrer entspannt über den Lautsprecher. »Ihr wisst do, wie dat jeht!« Und er stimmt den Karnevalshit an: »Echte Fründe ston zesamme ...«

Na, da hat er was losgetreten! Alle um mich herum singen mit: »... ston zesamme su wie eine Jott un Pott ...«

Den Rest verstehe ich leider nicht, viele um mich herum wahrscheinlich auch nicht, denn am Schluss des Verses sinkt die Stimmgewalt des Bahnchores mächtig ab, während sie bei »Fründe, Fründe, Fründe in der Nut ...« enorm steigt. Und das, was wir hier an Enge erleben, kann man durchaus als Not bezeichnen. Atemnot in meinem Fall.

Ich stehe ziemlich eingequetscht, klemme zwischen Tod und Teufel und zwei solariumgebräunten Zigeunerinnen. Der Teufel haucht seine süßliche Schnapsfahne an mir vorbei und zieht mir frech meine graue Bommelmütze vom Kopf. »Lass mer gucken, äs wat jehst du denn?«, fragt er übermütig.

Ich scheine in diesem Waggon die Einzige ohne Kostüm zu sein.

»Als ich.« Doch diese leicht philosophische Note kommt nicht an, denn der Teufel lacht mitleidig.

»Humor verstehste aber?«, haucht er mich an.

Seinen eher nicht, fürchte ich.

»Kumma hier!«, verheißt er mit aufgerissenen Augen und zieht eine grüne Likörflasche in Augenhöhe. Er spitzt die Lippen und wiederholt den Kölschen Gassenhauer von vorhin: »Drink doch ene mit, stell dich nit esu ahn …« Ich fand das eben bei der Fenster-Oma schöner, aber bei allen um mich herum zündet sein Song. Als hätten sie nur auf einen neuen Stimmführer gewartet, fallen sie lautstark mit ein. Viele heben dazu ihre Schnaps- und Kölschflaschen und nehmen einen Zug daraus. Singen verbindet, genau wie Trinken. So stark, dass der Teufel mich bei dieser Aktion zu vergessen scheint und seinen grünen Fusel jetzt mit den Zigeunerinnen teilt, die ihn dafür reich mit Kölschen Küssen, den Bützchen, entlohnen.

Ich müsste mir am Automaten in der Mitte der Bahn eine Fahrkarte ziehen, kann mich aber kaum einen Meter in die Richtung drängeln. Sofort werde ich von weiblichen Clowns in bunten Flickenkostümen und mit roter Wuschelperücke vereinnahmt, die mich schunkelnd in ihre Mitte nehmen. »Dicke Mädchen haben schöne Namen«, singt mir die eine ins Ohr, »heißen Tosca, Rosa oder Carmen. Dicke Mädchen machen mich verrückt, dicke Mädchen hat der Himmel geschickt …!«

Ein bisschen komme ich mir vor wie ein Alien, irgendwie nicht zugehörig. So werde ich auch von einigen betrachtet: voller Mitleid.

Die Lappenclowns wiederholen den Refrain, und bei »Himmel« kriege ich jetzt einen übergebraten, denn das Pummelchen neben mir hat zur Untermalung des Textes mit Wucht die Arme in die Höhe gereckt. Zum Glück kann man hier trotz Kinnhaken nicht zu Boden gehen, ich kippe also nur ein paar Zentimeter nach hinten, mein Kopf landet an einer kräftigen Seeräuberbrust.

Das bunte Tönnchen dreht sich zu mir um. »Hab isch disch erwischt? 'tschuldigung Liebelein, hab disch nit jesehn!«

Liegt das daran, dass ich kein Kostüm anhabe? Mutiere ich hier zum schwarzen Loch?

Sie beugt sich zu mir, nimmt meinen Kopf von der nicht unangenehmen Seeräuberbrust in ihre schwitzenden Hände und drückt mir mit ihren rot geschminkten Lippen einen dicken Schmatzer auf die Wange. Nun gehöre ich mit dazu.

Die Pummelfrau stupst ihre umstehenden Freundinnen an: »Komm, wir wolle wat singe! Ja, ja! Und dann die Hände zum Himmel …«, bei dieser Ankündigung ziehe ich vorsichtig meinen Kopf ein, »… komm lasst uns fröhlich sein. Wir klatschen zusammen und keiner ist allein …« Ich werde eingehakt, die gesamte Bahn schunkelt, ich schunkele mit.

An der nächsten Station, am Hauptbahnhof, steigen alle aus. Schade, jetzt, wo es so schön war. Drei weitere Unverkleidete, einer davon allerdings mit Clownsnase, steigen ein. Himmel, nee, zig Clownsnasen liegen in meiner Theaterschminkbox. Wieso habe ich keine aufgesetzt – als Zeichen friedlicher Koexistenz oder wenigstens zur Tarnung? Wie die Omis, die ich letztes Jahr während der tollen Tage im Café beobachtet habe. Sie verzogen keine Miene, tratschten und mümmelten ihre Torte – aber bitte mit Nase! Oder auch die Frau an der Kasse meines Supermarktes, in dem ich schnell noch letzte Einkäufe vor den Kölner Feiertagen tätigte. Sie war nicht besonders gut drauf, vielleicht weil vor mir ein Joghurt auslief oder weil sie noch eine Zusatzschicht machen musste, wer weiß. Schlechte Laune hin oder her – aber bitte mit Nase. Was sagt mir das? Sei zu Karneval so, wie du dich fühlst, sei du selbst, aber geh nie ohne rote Nase aus dem Haus!

Die Mitarbeiter des Baumarktes haben ein lustiges Hütchen auf dem Kopf. Heute dudeln nicht die beschwingten Baumarktvideos vor sich hin, sondern, klar, CD's mit den *Höhnern* und *Bläck Fööss*. Beim Refrain könnte ich mittlerweile glatt mitträllern. Aber wovon singen sie in den Strophen? Um das zu verstehen, wäre es vielleicht doch gut, mal so ein Kölsch-Diplom zu absolvieren, das einige Vereine als Kurs anbieten.

Im Baumarkt bin ich immer etwas orientierungslos, weil ich mir nicht merken kann, wo ich was finde. Ich habe es eilig, deshalb rufe ich einem Mitarbeiter hinterher, der mit einem gekonnten Schlenker rasch in einem der Gänge verschwindet, als er mich auf sich zukommen sieht.

»Wo sind denn die Farben?«, rufe ich ihm hinterher.

»Wozu ham wir Info?!«, höre ich seine genervte Stimme hinter dem Regal.

Ich suche den Infostand auf, von dem mich eine strahlende Cleopatra in Gang zwölf schickt. Richtig, da stehen die Farbtöpfe in langen Regalen.

»Wat willste denn machen, Liebelein?«, fragt plötzlich eine Stimme neben mir – mein Lieblingssatz in Baumärkten. In der Regel lassen sich die Mitarbeiter daraufhin zu langen Reden hinreißen, die ihre Kompetenz beweisen. Ich drehe mich um. Ein kleiner, fülliger Herr blitzt mich über seine Clownsnase hinweg an. Er muss ein beliebter Mitarbeiter sein, denn er hat schon viele Lippenstiftspuren im Gesicht.

»Zimmerregal weiß streichen«, antworte ich.

»Hier.« Mit einem Griff zieht er eine Farbbüchse aus dem Regal. »Deckt gut, trocknet schnell, mit Umweltengel«, weiß er.

»Super, das brauche ich. Danke.«

Ich will mich zum Gehen wenden, da hält er mich am Arm zurück und mir verschmitzt seine Wange hin.

»Ä Bützchen von de schönen Frau?«

Ich deute auf meinen Hals und krächze: »Leider erkältet.«

»Och, dat an Karneval«, sagt er mitfühlend, »mein Jott, dat is ja tragisch!«

In der Bahn nach Hause bin ich fast allein. Der Hinweg war lustiger.

Gegen Nachmittag lege ich meine Pinsel beiseite. Alle sechs Regalbretter lehnen weiß gestrichen zum Trocknen an der Wand. Ich bin sehr zufrieden. Jetzt könnte ich mich ins Bergische aufmachen.

Mein Telefon klingelt: Amely.

»Super, dass du in Köln bist. In zwanzig Minuten bin ich bei dir«, flötet sie und legt auf.

Ich ahne Schlimmes. Kaum eine Viertelstunde später höre ich sie trällernd die Treppe hochsteigen: »Nä, wat wor dat dann fröher en superjeile Zick …«

Ich öffne die Tür.

»… mit Träne in d'r Auge loor ich manchmol zurück …«

Amely ist infiziert. Und kostümiert. Als Erdbeere. Mit

einer bombastisch hohen roten Haarpracht. Sogar die Pünktchen, die diese Frucht hat, sind in die Perücke genäht, und obendrauf krönt ein grünes Blatt ihr Haupt. Mit einer Drehung fliegt ihr Wintermantel auf meine Garderobe, im erdbeerroten Minikleid und hohen weißen Stiefeln tanzt sie um mich herum.

»… bin ich hück op d'r Roll nur noch half su doll, doch hück Naach weiß ich nit, wo dat enden soll!«, schmettert sie.

»Du siehst toll aus!«, sage ich.

»Du irgendwie nicht.« Sie lacht. »Komm, mach dich zurecht, wir gehen auf die Rolle!«

»Oh nee, du weißt doch, ich hab's nicht so mit Karneval, dieses auf Kommando aufgedreht sein und der ganze Alkohol und das blöde …«

Sie schaut in den Spiegel und prüft ihren Erdbeermund. »Aber krank bist du nicht?«

Ich will ablenken und ihr meine frisch gemalerte Bude zeigen, aber Amely wird plötzlich ganz ernst, stellt sich in Positur, stemmt die Arme in die Hüfte und lässt einen Redeschwall über mich los:

Ob ich begriffen hätte, dass Karneval traditionell ein Fest der Zusammengehörigkeit sei, wo man keinen zurück- und allein lässt? Ob ich mir daraufhin je die Liedtexte angeschaut hätte, die darüber Geschichten erzählen? Ob ich überhaupt schon mal bei so etwas wie der »Lachenden Kölnarena« dabei gewesen sei oder nur im Fernsehen reingeschaut hätte? Wenn man unter diesen feiernden Menschen sei, stelle sich nämlich eine große Solidarität ein – aber das würde ich mit meiner abwehrenden Einstellung nie erfahren. Wohin man schaue, schunkelten Menschen, sängen und tanzten und flirteten und lachten sie. Was das für emotional tiefe Momente in sich trage, wenn gegen Ende die zigtausend Luftballons von der Decke schwebten. Sie, Amely, habe sich bisher nicht getraut, mir zu sagen, dass sie das liebe und vor lauter Rührung schon dabei geweint habe. Wie auch bei diesem schönen Lied von der Heimat, das der Tommy Engel singe – »Ich han 'nen Deckel« –, was das für eine Liebeserklärung an diese Stadt sei. Sie sei ja ursprünglich auch nicht aus Köln, aber man brauche den Namen doch einfach nur gegen den der Stadt zu tauschen, die dieses Gefühl bei einem erzeuge, um mitzuempfinden. Karneval habe die schönsten Rituale des Menschseins vereinigt, sogar die Vergebung unserer Unvollkommenheit und Sünden gehöre mit dazu. Ja, und ob ich denn glaubte, dass Kostüm und Maske nur den sogenannten Schauspielprofis vorbehalten seien, um mal jemand anders sein zu dürfen, um sich mal in einer Figur auszutoben? Ob ich das denn nicht ein einziges Mal im Jahr all den anderen zugestehen könne! Diese Lust …

»Willst du mir jetzt die Freundschaft kündigen?«, unterbreche ich sie.

»Nein, feiern! Verdammt noch mal!« Amelys Wangen sind fast so rot wie ihre Erdbeerhaare. Sie stößt die überschüssige Luft aus, geht zur Garderobe zurück, wo sie ihren Rucksack abgestellt hat, und holt eine Flasche Sekt raus.

»Hier, zum Kopp ausschalten. Karneval ist nämlich ein Weg, verstehst du? Zu deinem Gefühl. Anscheinend braucht es bei dir mehr Überwindung, als du denkst. Hol mal zwei Gläser!«

Wir stoßen an. Einen Joker habe ich noch.

»Leider kein Kostüm …«

»Zeig doch mal die Regale, von denen du die ganze Zeit

redest!«, fordert Amely und geht mit mir ins Zimmer. »Na, hier haben wir's doch!«, ruft sie und beugt sich zu meinen Arbeitsutensilien hinab.

Sie nimmt den Pinsel, taucht ihn in den Farbtopf und malt mir Kleckse auf mein großes blaues Arbeitshemd. Dann reißt sie den Putzlappen in Streifen, knotet diese aneinander und bindet sie als Gürtel um meine Hüfte.

»Zieh mal 'ne Leggings oder 'ne bunte Strumpfhose drunter!«

Ich tue, wie mir geheißen, und finde, dass das nicht mal schlecht aussieht. Dazu passen sogar meine Winterboots. Amely nimmt den Pinsel, wäscht ihn aus, frisiert meine Haare hoch und steckt ihn schräg von oben in die gedrehte Tolle.

»Jetzt schminken!«, befiehlt sie und malt mir mit weißem Schminkstift ein paar Punkte ins Gesicht, auf den Hals und die Arme.

Wir machen uns auf den Weg in die Südstadt, denn da würden die besten Partys gefeiert, weiß Amely. Die Kneipe, in die sie will, ist gerammelt voll. Ich mag die Musik, die aus der geöffneten Tür dringt; alles gut tanzbare Hits, zwischendrin die Karnevalslieder, bei denen die Leute abgehen, als würde sich bei hochgepeitschten Elektrobeats der Loop ändern. Durch die Scheiben sehe ich einen wippenden Hintern neben dem anderen. Ich bekomme Lust, mich zu bewegen.

Wir stellen uns an und werden gleich von der Gruppe vor uns zum Kölsch eingeladen. Bei den Karnevalsliedern singen alle die Refrains mit, ich jetzt auch, und wenn schon, dann tue ich das, so laut ich kann: »… Die Karawane zieht weiter, der Sultan is doot, der Sultan is doot!«

»*Was* ist dein Sultan? Doot?«, fragt mich der junge Kaktus aus der Kölschgruppe, der mich die ganze Zeit fröhlich anlächelt.

»Ja klar«, antworte ich. »Die Karawane zieht weiter, obwohl Chefe schon das Zeitliche gesegnet hat. Karnevalslieder haben nämlich einen tieferen …«

»Nee, das heißt: Dä Sultan hät Doosch«, unterbricht er mich, »Durst hat er, verstehst du, Durst!«

Die Meute um mich herum lacht.

Ich bin ein wenig enttäuscht. »Okay, wenn das so ist, geht die nächste Runde auf mich!«

Stunden später gehöre auch ich zu der feiernden Masse im Saal. Ich stehe mit Amely und dem Kaktus auf dem Fenstersims, drücke meinen Hintern an die Scheibe und tanze.

Bei dem Sultan-Lied, das immer mal zwischendurch gespielt wird, bleibe ich bei meiner Variante, sie gefällt mir einfach besser. Und bei der Lautstärke hier drinnen versteht mich sowieso keiner. Außerdem will ich es mit der Integration meiner norddeutschen Seele ins schunkelnde Rheinland nicht gleich übertreiben. Es reicht mir voll und ganz, dass ich so etwas wie einen Schimmer eines Karneval-Gens, zumindest für diesen Abend, doch noch bei mir gefunden habe.

Immer wieder ankommen

Warum es von Vorteil ist, die Heimat in sich zu tragen

 Seit ich selbst meine Karnevalshürden überwunden habe, kann mich nichts mehr schrecken. Als mir meine Agentin das Angebot unterbreitet, ab Mitte April für ein Gastspiel ein Vierteljahr nach Zürich zu gehen, muss ich nicht lange überlegen. Ich habe Lust auf neue Erfahrungen in einer fremden Stadt und auf neue Herausforderungen. Wenn mich die für ein Schauspiel-Drama von Theresia Walser in die Schweiz führen, warum nicht.

»Och nee«, ist die erste Reaktion von Hofmitbewohnerin Grit, als ich ihr beim Joggen davon erzähle. »Da bist du ja erst mal weg aus der Heimat!«

»Die nehme ich doch mit!«, höre ich mich sagen, und im Sekundenfilm, der mir durch den Kopf schießt, sehe ich Anna, Tante Hedwig und Amely, die mich mit eben dieser Einstellung vor gut einem Jahr zu trösten versuchten. Ich nicke ihnen in Gedanken zu und klopfe mit der Faust auf mein Herz, um es noch einmal zu bekräftigen: »Meine Heimat ist doch hier drin.«

Wir schnaufen, denn es geht auf dem Koppelweg zwischen zwei Wiesen bergan.

»Ich finde es aber immer blöd, wenn mich Leute verlassen«, keucht Grit, zieht ihr Taschentuch aus der Hose und schnäuzt sich. »Mit wem soll ich denn dann die Joggingrunde drehen? Außerdem wollten wir doch einen Gemüsegarten anlegen! Dann wird es ja total still nebenan.«

Mit großen Schritten ziehe ich auf dem immer enger werdenden Pfad an ihr vorbei. »Ich werde dich vermissen«, ruft sie mir hinterher.

Dieses Gefühl kenne ich. Ich kann mich noch gut daran erinnern, wie es war, als mich meine Hofgemeinschaft letztes Jahr verlassen hat. Es tat weh, die langjährigen Weggefährten gehen zu sehen, die voller Elan und Freude auf das Unbekannte loszogen. Die brauchten sie ja auch, um am neuen Ort anzukommen. Mich erinnerte das an meine Ausreise aus dem Osten und an meine damals zurückgelassenen Eltern. Da war ich auch stärker mit meinem Aufbruch beschäftigt als mit dem Heimweh, das innerlich schon an mir nagte.

Es dauerte eine Weile, bis ich nicht nur verstand, sondern auch fühlte, dass weder meine Freunde noch Anna und ich uns auf Nimmerwiedersehen getrennt hatten. Ich begriff, dass alle ihren Platz in meinem Leben behielten, genau wie ich in ihrem – nur dass wir den Alltag jetzt ohne einander gestalteten. Aber es gibt Besuche, Telefonate, gemeinsame Urlaube und Feiern – wir nehmen nach wie vor Anteil an wichtigen Entscheidungen, am Leben des anderen.

»Wenn du die ersten Bohnen und Möhren erntest, bin ich doch schon wieder da«, rufe ich zu Grit zurück, die versucht, mich einzuholen, denn ich habe bereits den Hügel erklommen. Ab jetzt wird der Weg wieder breiter, und wir können nebeneinander laufen.

Ich werde sie und unsere fast täglichen Laufrunden ebenfalls vermissen. Das ist eigentlich witzig, denn am Anfang habe ich mich gegen ihre Versuche, mich aus der warmen Stube herauszulocken, vehement gewehrt. Grit musste mich fast hinausprügeln, bevor ich mein bequemes Sofa aufgab und mich überreden ließ, mit ihr bei Wind, Regen und Schnee durch die Landschaft zu hecheln. Bei den ersten Malen war ich nach nur kurzer Wegstrecke so erschöpft, dass ich mich, wieder zu Hause angekommen, platt und puterrot im Gesicht auf den Holzboden legen musste, damit sich mein Atem endlich beruhigte. Aber schon ein paar Wochen später habe ich Gefallen daran gefunden, den Rhythmus zwischen Lauf und Atmung zu finden, der hilft, die frische Luft so kraftvoll einzuziehen, dass sie einen fast wie von selbst über die Landschaft trägt. Danke, Grit. Um meinen Körper wieder als mein eigentliches Zuhause zu spüren, braucht es diese Runden!

In letzter Zeit war ich es dann immer öfter, die vor ihrer Tür stand, um sie abzuholen. »Ja, ja, da kommt mein schlechtes Gewissen!«, hat sie sogar neulich zu mir gesagt, als sie wegen zu viel Arbeit und Terminen ein paarmal absagen musste.

Auf der Anhöhe weht der Wind am kräftigsten, an manchen Tagen muss ich regelrecht gegen ihn ankämpfen, aber hier oben wird man mit einer phänomenalen Aussicht bis zu den nächsten Hügeln belohnt, die den Horizont runden, und zur linken Seite reicht der Blick bis in die weiten Täler hinein. Heute ist die Luft frisch, aber nicht sonderlich kalt, es riecht schon nach Frühling. Zwischen dicken Wolken schiebt sich jetzt die Sonne durch.

»Herrlich!«, sagt Grit neben mir, wird langsamer, hebt den Kopf und schließt für einen Moment die Augen. Dann wendet sie sich zu mir. »Was wird denn nun mit dem Hoffest?«, fragt sie. »Wieder verschieben?«

Seit Wochen sprechen wir darüber. Auch unsere Nachbarn Marion und Joachim waren von der Idee begeistert, ein Fest zu veranstalten, zu dem jeder Freunde und Familie einlädt, und auf dem wir alle mittels gemeinsamer Aktionen zusammenbringen wollen.

»Machen wir. Sind doch noch drei Wochen bis zu meinem Abflug!«, antworte ich.

Wir biegen in den Wald ein. Hier duftet es nach Erde. »Was hältst du vom Samstag am zweiten Aprilwochenende?«, frage ich.

»Für mich und Daniel perfekt. Müssen wir nur noch mit den anderen beiden abklären. Aber die haben ohnehin gesagt, wann, sei ihnen egal, sie seien sowieso da wegen der Kinder.« Grit zieht das braune feuchte Laub bei jedem Schritt ein Stück mit. »Mal überlegen, wen ich alles einlade …«

Darüber muss ich nicht lange nachdenken. Meine Mutter habe ich seit Weihnachten nicht mehr gesehen, sie könnte bis Berlin fahren und sich dann von Anna und Lukas mitnehmen lassen. Klar, meine Freundin Amely muss kommen, dann lade ich natürlich die alten Hofmitbewohner ein, wird Zeit, dass wir mal wieder Neuigkeiten austauschen. Auf Judiths Alltag in Leipzig bin ich gespannt. Ob sie immer noch so euphorisch ist wie zu Beginn? Ich werde ein paar meiner Kollegen fragen, meine Agentin, vielleicht hat sogar Paula Lust, mit dabei zu sein. Ich denke an ihren Überraschungsbesuch zu Weihnachten. Lebensgrundsätze sind eben doch nicht in Stein gemeißelt. Was sagte sie noch, als sie Nicoles erstauntes Gesicht sah: »Wieso wunderst du dich? Solange ich lebe, kann ich jeden Tag neu entscheiden.«

Tante Hedwig fällt mir ein. Aber sie geht leider nicht mehr gern aus dem Haus. Im letzten halben Jahr war sie schlecht zu Fuß, und selbst tagsüber fühlt sie sich oft sehr erschöpft und muss sich von Zeit zu Zeit hinlegen.

»Ich spüre mein Ende, und ich wünsche es auch«, hat sie mir anvertraut und auf meinen erschrockenen Blick meine Hände genommen. »Das ist nicht schlimm. Für mich gibt es bald eine andere Heimat. Die meisten aus meinem Leben sind schon da.«

Daraufhin musste ich schlucken, ihr nahender Tod macht mich traurig. Ich selbst habe so meine Probleme mit dem Glauben an ein Leben danach. Besser, ich besuche sie in den nächsten Tagen. Noch ist sie ja da.

Ich höre Grits und meinem Atem zu, der tiefer und heftiger wird, denn es gilt, den nächsten Hügel hier im Wald zu bezwingen. Durch den lichten Mischwald sind wir schon durch, jetzt laufen wir unter hohen Fichten. Dieses Waldstück sieht für mich immer gleich aus, außer im Winter, wenn Schnee liegt. Würde jemand jetzt ein Foto davon machen – ich wüsste nicht zu sagen, ob der Frühling naht oder ob es Herbst ist. Der Boden ist dicht mit braunen Tannennadeln bedeckt, die heruntergefallenen Zapfen liegen wie ein Muster darauf. Es läuft sich wie auf einem weichen Teppich.

Als wir oben sind, zieht Grit wieder ihr Taschentuch aus der Jacke und wischt sich den Schweiß von Stirn und Wangen, ihr blonder, nass geschwitzter Pony steht jetzt nach oben wie ein Segel.

»Ach!«, stöhnt sie. »Wir können ja skypen, wenn du in Zürich bist. Musst mir vorher mal helfen, das einzurichten, hab ich noch nie gemacht. Deinen Laptop nimmst du doch mit, oder?«

»Klar. Ohne den könnte ich sowieso nicht leben!« In dem Ding sind tausend Erinnerungen gespeichert: Fotos, Texte, meine Musik, ausgesuchte Filme.

»Dann kannst du mich über unser Gemüse im Garten auf dem Laufenden halten«, sage ich, »und ich schicke dir ein paar Ausschnitte von den Proben.«

»Nee, lass mal, ich gucke mir das lieber direkt an.«

»Du würdest kommen, um dir das Stück anzusehen?«

Grit nickt und gibt mir mit einer Handbewegung zu verstehen, dass ihr das Reden gerade zu anstrengend ist. Auch ich bin aus dem Tritt gekommen, konzentriere mich jetzt wieder auf meine Atmung und bleibe in Gedanken.

Die Notfallbox meiner Freundin aus dem Ferienlager fällt mir ein. Ja, so eine werde ich mitnehmen. Und zwar die bunt bemalte Pappschachtel, die Tim mir zum Geburtstag geschenkt hat. Dort kommt das Foto rein, das Grits Vater von uns allen zu Weihnachten gemacht hat, bevor wir zum Teich marschiert sind. So habe ich sie fast alle bei mir. Dann lege ich eines von Annas Kalenderblättern dazu, Paulas kleines Bild und außerdem den faszinierenden Stein mit Muscheleinschlüssen, den ich bei der Erstbesichtigung im bergischen Hof gefunden habe und der noch aus Urzeiten zu stammen scheint, als alles um uns herum Meer war. Und vielleicht könnte mir Mutti noch meine Lieblingsbonbons machen. Ansonsten habe ich ja alles gespeichert – nicht nur im Computer.

Grit zieht ihr Tempo etwas an. Ich sehe ihren blonden

Zopf im Takt ihrer Schritte wippen. In den ersten Wochen habe ich versucht, immer mit ihr mitzuhalten, und bin ihr in solchen Momenten hinterhergerannt. Aber das tut nicht gut. Jeder muss seinen eigenen Rhythmus finden – genau wie jeder auch seine eigene Heimat finden muss.

Das ist mir im letzten Jahr klar geworden: Mit der Heimat ist es wie mit der Liebe. Sie ist nicht da oder dort, sie ist in einem drin. Man trägt sie immer mit sich, damit man dort, wo Menschen, Orte oder Dinge einem guttun, seine Anker setzen kann. Ich allein entscheide, was mir Heimat wird und wer mir eine Heimat ist. Manchmal hängt das von abstrusesten Dingen ab, zu denen ein anderer gar keinen Bezug hat.

Dass es immer wieder wehtun wird, wenn plötzlich eine der wichtigen Verankerungen wegbricht, ist ziemlich normal, glaube ich. Wenn Menschen gehen, Jobs sich ändern, Beziehungen sich auflösen, man sein Haus, seinen Ort oder sogar sein Land verlassen muss, hinterlässt das Spuren. Aber dieser Schmerz muss einen nicht völlig umhauen. Man trägt ja alles Nötige in sich: für neue Menschen, neue Orte, neue Tätigkeiten. Die Alten haben ohnehin ihren Platz behalten und sind meistens gut zu erreichen. Per Telefon, Skype, Bahn oder Flieger. Für ein Gespräch. Einen Urlaub. Oder ein Hoffest.

Jetzt freue ich mich schon auf Zürich. Ich fühle mich gut gerüstet. Vieles ändert sich, eines aber bleibt, egal, wohin ich gehe: Meine Heimat in meinem Herzen. Eine Heimat to go.

Heimatgruß und Heimatdank

Wir Menschen sind komische Geschöpfe. Anstatt meinen Lieben eine Heimat zu sein und mit ihnen Zeit zu verbringen, sitze ich seit Monaten daran, über Heimat nachzudenken und dieses Buch zu schreiben. Mögen sie mir diese Abwege verzeihen.

Dann gibt es Menschen, die einen überhaupt erst auf eine solche Idee bringen und auch noch manche freie Stunde opfern, um mit mir über die Facetten dieses Themas zu philosophieren. Allen voran meine Freundin Ann-Kathrin Schwarz und meine Lektorin Mareike Neukam.

Andere wiederum zeichnen lieber etwas dazu, wie die Grafikerin Karla-Jean von Wissel, die die Illustrationen zu den Kapiteln entworfen hat.

Und noch andere, wie die Sachbuchleiterin Sabine Niemeier, haben den Hut dafür auf, dass Sie, liebe Leserin und lieber Leser, nun Ihre Zeit diesem Buch anstatt Ihren Lieben widmen.

Um allen Missverständnissen vorzubeugen, noch eine

Bemerkung in eigener Sache: Viele Anekdoten beruhen auf persönlichen Hintergründen, manche sind ausgedacht. So oder so: Dialoge und Details habe ich in jedem Fall frei gestaltet – und einige Namen habe ich geändert.

Mit wohlwollenden Grüßen,
wo immer Sie sich auch gerade zu Hause fühlen,
Ihre Petra Nadolny

»Ich warne dringlichst vor diesem Buch! Wer eben noch meinte, ganz normal zu sein, stellt plötzlich fest: Ich bin ein Freak!« Bernhard Hoëcker

Philipp Möller
BIN ISCH FREAK,
ODA WAS?!
Geschichten aus einer
durchgeknallten Republik
336 Seiten
ISBN 978-3-404-60758-7

Die Schulglocke klingelt, das Hoftor fällt hinter mir zu. Meine Tage als Aushilfspauker sind vorbei. Und jetzt? »Bin ich froh, diese Freak-Show endlich hinter mir zu haben«, sage ich so lässig wie möglich. Mein Kollege Geierchen runzelt die Stirn: »Pass ma uff: Schule is 'ne Miniaturlandschaft unserer Jesellschaft. Und wenn de denkst, Möller, die Minifreaks war'n schon crazy – denn schau dir erstma die ausgewachsenen Exemplare an!«
Leben wir tatsächlich in einer Nation der Übertreiber, Spinner und Durchgeknallten? Philipp Möller trifft trinkfreudige Burschenschaftler, kampflustige Veganer und erleuchtete Weltenlehrer und stellt sich immer häufiger die Frage: Wer sind eigentlich die wahren Freaks in unserem Land?

Bastei Lübbe

Ein Muss für alle,
deren Kinder nestflüchtig werden

Lotte Kühn
MUTTI ALLEIN ZUHAUS
Vom Leben mit
nestflüchtigen Kindern
256 Seiten
ISBN 978-3-404-60769-3

Jede Mutter weiß das: Kinder kriegt man nicht, um sie zu behalten, sondern um sie eines Tages am Flughafen, an Bahnsteigen oder in klapprigen Autos in ihr eigenes Leben zu entlassen. Und zwar zuversichtlich und mit einem Lächeln! Doch das ist leichter gesagt als getan. Intelligent und witzig, voller Selbstironie und Situationskomik erzählt Lotte Kühn davon wie es ist, wenn Mütter sich durch jahrelangen Einsatz selbst überflüssig gemacht haben und versuchen, jetzt mit den Folgen zu klarzukommen. Ein neues, ungewohntes, freies Leben beginnt…

Bastei Lübbe